Samantha Müller

Die Generation Z

Über die Rekrutierung und Bindung einer neuen Mitarbeiter-Generation

Bibliografische Information der Deutschen Nationalbibliothek:

Die Deutsche Nationalbibliothek verzeichnet diese Publikation in der Deutschen Nationalbibliografie; detaillierte bibliografische Daten sind im Internet über http://dnb.d-nb.de abrufbar.

Impressum:

Ein Imprint der Open Publishing GmbH

Druck und Bindung: Books on Demand GmbH, Norderstedt, Germany

Coverbild: GRIN | Freepik.com | Flaticon.com | ei8htz

Inhaltsverzeichnis

Abbildungsverzeichnis

Tabellenverzeichnis

1 Einleitung

In diesem Kapitel wird die Bedeutung des zu untersuchenden Themas dargestellt. Weiterhin wird der Rahmen dieser literaturbasierten Untersuchung in einer deutlichen Zielsetzung anhand von zwei Forschungsfragen wiedergegeben. Abschließend wird die methodische Vorgehensweise für die vorliegende Ausarbeitung näher erläutert.

1.1 Problemstellung

> „Sie empfindet keinerlei Loyalität mehr dem Arbeitgeber gegenüber, besteht auf Trennung zwischen privatem und beruflichem Bereich, will klare Strukturen, hat wenig Interesse an Wettbewerb und präferiert eine leistungsunabhängige Vergütung, möchte ihr Privatleben nicht dadurch belasten, dass sie im Beruf Verantwortung übernimmt und definiert sich primär durch sich selbst"
> Christian Scholz & Stefan Weth.[1]

Diese Charakterisierung einer Altersgruppe von kommenden Arbeitnehmern, hat Scholz, Professor für Betriebswirtschaftslehre an der Universität des Saarlandes, im Jahr 2015 vorgenommen und sie wirkt wie der Wunsch nach paradiesischen Arbeitsbedingungen, dem wahrscheinlich viele Arbeitgeber lediglich ein müdes Lächeln abgewinnen können. Die Rede ist von der Generation Z und ihren Anforderungen an die heutige Arbeitswelt. Diese jüngste Generation wird von Forschern tendenziell auf die Geburtenjahrgänge ab 1995 datiert.[2] Sie werden auch als Generation Internet oder iGeneration bezeichnet.[3] Die zunehmende Aufmerksamkeit und die daraus resultierende Diskussion um die jüngste Generation und ihre Einstellungen finden sich aktuell in verschiedenen Veröffentlichungen von HR-Experten wieder.[4] Sie habe ihrem Arbeitgeber gegenüber „[...] noch weniger Loyalität als zu ihrer Turnschuhmarke [...]"[5] oder stellen „[...] sich die Arbeitswelt wie eine Facebook-Party vor [...]"[6]. Der Generation Z werden komplett andere

---

1 Scholz & Weth, 2015, S. 265

2 vgl. Bencsik, Juhász, & Horváth-Csikós, 2016, S. 92

3 vgl. Klaffke, 2014, S. 69

4 vgl. Parment, 2009, S. 21

5 Weck, 2015

6 Lehky, 2013

Werte- und Verhaltensmuster zugesprochen als vorherigen Generationen.[7] Inwiefern derartige Aussagen zur Generationenpersönlichkeit zutreffen, lässt sich aktuell noch nicht ausreichend beantworten, da sich ein Großteil der Generation Z noch im kindlichen oder jugendlichen Lebensstadium befindet.[8] Zurzeit sind überwiegend die Generation der Baby Boomer, der Generation X und Generation Y auf dem Arbeitsmarkt vertreten.[9] In den nächsten Jahren werden die ersten Baby Boomer, Deutschlands geburtenstärkster Jahrgang[10], in Rente gehen und damit die Unternehmen vor großen Personalbedarf stellen, was wiederrum den Anteil der jüngsten Generation steigert.[11] Als Konsequenz daraus lässt sich bereits heute ein Wegfall an geeigneten Fachkräften beobachten und Unternehmen haben es zunehmend schwerer in bestimmten Branchen und Regionen qualifizierte Nachwuchskräfte zu gewinnen und zu binden.[12] Darüber hinaus werden sich Arbeitgeber auf eine stärkere Konkurrenz durch andere Unternehmen einstellen müssen.[13] Dazu fordert der allgegenwärtige und rasante Wandel und der gleichzeitige ‚War for Talents' von Unternehmen sich attraktiv am Arbeitsmarkt zu positionieren[14] und sich auf die Bedürfnisse der Nachwuchskräfte einzustellen und dafür ihre Präferenzen zu kennen.[15]

Jedoch sehen sich derzeit zahlreiche Unternehmen noch als Anbieter und nicht als Nachfrager, obgleich die Machtverschiebung auf dem Arbeitsmarkt bereits zu beobachten ist.[16] So führt diese Entwicklung etwa dazu, dass nicht mehr der Arbeitgeber über die Einstellung eines qualifizierten Bewerbers entscheidet, sondern vielmehr können sich Bewerber unter mehreren Angeboten aussuchen, welches angenommen wird.[17] Insbesondere bei Schlüssel- und Engpassfunktionen wird sich die Entwicklung hin zu einem bewerberorientierten Markt in den kommen-

---

7 vgl. Scholz & Weth, 2015, S. 265
8 vgl. Klaffke, 2014, S. 69
9 vgl. Hesse & Mattmüller, 2015, S. 53
10 vgl. Statistisches-Bundesamt, 2014
11 vgl. Bruch, Fleschhut, & Block, 2017, S. 56
12 vgl. Pfeil, 2017, S. 43-45
13 vgl. Ruthus, 2014, S. 3
14 vgl. Gurtner & Kels, 2016, S. 28
15 vgl. Gurtner & Kels, 2016, S. 1
16 vgl. Beck, Hülser, Wiersbinski, & Adam, 2010, S. 8
17 vgl. Beck & Ullrich, 2017, S. 38

den Jahren weiter verschärfen.[18] „Wem es nicht gelingt, Nachwuchs zu gewinnen, der muss Fachkräfte teuer einkaufen"[19]. Trendstudien zeigen, dass die jüngeren Generationen höhere Ansprüche an die Arbeitgeberattraktivität haben und sehr empfindsam auf wenig attraktive Arbeitsbedingungen reagieren.[20] Nach Gertz ist es also elementar personalpolitische Strategien einzusetzen, um die Arbeitgeberattraktivität zu steigern[21] und sich im Kampf um die Mitarbeitenden dieser Generation durchzusetzen.[22]

Nicht nur in der Bundesrepublik Deutschland, sondern auch in anderen westlichen Ländern kommt es zu ähnlichen, zahlreichen Entwicklungen, die gegenwärtig zunehmend in gesellschaftlichen und kulturellen Umbrüchen münden. Diese Veränderungsprozesse haben nicht nur Auswirkungen auf die Gesellschaft, sondern auch auf die Unternehmen, die gezwungen sind ihre bisherigen Strukturen zu reflektieren und anzupassen. Die Entstehung dieser neuen Berufswelt und der damit verbundenen Herausforderungen für die Unternehmen, werden insbesondere durch Phänomene wie den demografischen Wandel, die globale Integration, die zunehmende Digitalisierung und einen grundlegenden Wertewandel weiter vorangetrieben.[23] Ein Wandel der Werte in der Arbeitswelt wird nicht zuletzt von neuen Generationen begünstigt, die in den Arbeitsmarkt eintreten.

Umso schwieriger werden diese Herausforderungen, wenn es darum geht die derart anspruchsvolle und sprunghafte Generation Z für sich zu gewinnen und optimal in das eigene Unternehmen zu integrieren.[24] So fordern die Jugendlichen, anders als ihre Vorgänger aus der Generation Y, keine Work-Life-Balance mehr, sondern eine Work-Life-Separation. Um dem Wunsch der Generation Z, das berufliche und das private Leben zu trennen, nachzukommen, sollten Unternehmen hierauf besonders achten.[25] In diesem Zusammenhang ist es wichtig, sich intensiv mit der Generation Z auseinanderzusetzen, zu wissen, was sie von ihren Arbeit-

[18] vgl. Trost, 2013, S. 13
[19] Gertz, 2017, S. 30
[20] vgl. Bruch et al., 2017, S. 56
[21] vgl. Gertz, 2017, S. 30
[22] vgl. Bruch et al., 2017, S. 55
[23] vgl. Hackl & Hasebrook, 2017, S. 20
[24] vgl. Domsch & Ladwig, 2015, S. 13
[25] vgl. Scholz, 2015b, S. 79; vgl. Scholz, 2015b, S. 80

gebern erwarten, ihre Interessen und Bedürfnisse zu analysieren und ihre Unterschiedlichkeit zu anderen Generationen zu begreifen.[26]

1.2 Zielsetzung und Aufbau der Arbeit

Das Ziel der vorliegenden Arbeit besteht darin, auf Grundlage einer systematischen Literaturrecherche den aktuellen Forschungsstand zu den Anforderungen an die zukünftige Personalarbeit in Hinblick auf die Generation Z wiederzugeben. Dabei wird die Generation Z zunächst hinsichtlich ihrer Verhaltensweise, Bedürfnissen, Erwartungen und Einstellungen charakterisiert und gegen frühere Generationen abgegrenzt. In diesem Zusammenhang wird die hohe Bedeutung dieser Gruppe zukünftiger Arbeitnehmer für die Arbeitswelt herausgestellt.

Der Hauptteil der Arbeit umfasst die Übertragung der generationenspezifischen Anforderungen auf geeignete personalwirtschaftliche Maßnahmen zur Rekrutierung und Bindung der Generation Z. Die Positionierung der Arbeitgebermarke, soll nur am Rande thematisiert werden. Die übergeordnete Zielsetzung dieser Masterarbeit besteht in der Beantwortung der folgenden Forschungsfragen, die im Rahmen der Literaturrecherche definiert wurden (vgl. Kap. 1.3):

1. Welche Erwartungen stellt die Generation Z an einen potenziellen Arbeitgeber?

Diese Frage zielt speziell auf die Identifikation der charakteristischen Eigenschaften, Wertevorstellungen, Bedürfnisse, Verhaltensweisen und Fähigkeiten dieser Altersgruppe ab. Auf dieser Grundlage werden spezifische Anforderungen für einen (aus Sicht der Generation Z) optimalen Arbeitgeber herausgestellt, die sich deutlich von anderen Generationen unterscheiden.

2. Wie wird die Generation Z die Rekrutierungs-, Führungs- und Entwicklungsaktivitäten von Unternehmen verändern?

Auf Basis der in Forschungsfrage 1 erarbeiteten Erwartungen, zielt diese Frage auf die Ableitung geeigneter Personalbeschaffungs- und Bindungsmaßnahmen und der Darstellung neue Führungsansätze ab.

---

[26] vgl. Scholz, 2015b, S. 78; Domsch & Ladwig, 2015, S. 10

1.3 Methodische Vorgehensweise

Bedingt durch die permanent wachsende Menge an Informationen, ausgelöst durch die steigende Zahl betriebswirtschaftlicher und sozialwissenschaftlicher Publikationen, Autoren und medialen Beiträgen, wird die Literaturlandschaft umfangreicher und komplexer, was die Bearbeitung einer theoretischen Abschlussarbeit zunehmend erschwert. Daher ist es zur effektiven Bearbeitung einer solchen Arbeit unbedingt erforderlich, der Suche und Auswertung relevanter Publikationen besondere Aufmerksamkeit zu schenken. Dabei ist es notwendig systematisch vorzugehen, um die gefundene Literatur strukturieren und analysieren zu können.[27]

Die verwendete methodische Herangehensweise dieser Masterarbeit orientiert sich an den von Fettke definierten Phasen der Reviewforschung (vgl. Abb. 1)

1. Problemformulierung

2. Literatursuche

3. Literaturauswertung

4. Analyse & Interpretation

5. Präsentation

Abbildung 1 - Phasen Literaturreview[28]

Ausgangspunkt der systematischen Recherche ist die Problemformulierung, die über zwei zentrale Forschungsfragen abgebildet wurde (vgl. Kap. 1.2). Dem zweiten Schritt, der Literatursuche, geht zunächst die Festlegung der Recherchestrategie voraus. Die Bezugsquellen für die wissenschaftliche Literatur dieser Arbeit wurden folgendermaßen festgelegt:

---

27 vgl. Fettke, 2006, S. 257-260; Guba, 2008, S. 62-64

28 eigene Darstellung in Anlehnung an Fettke, 2006, S. 260

Bibliotheken und elektronische ebook-Kataloge:

- Hochschulbibliothek der Hochschule Mainz
- Deutsche Nationalbibliothek
- Universitäts- und Landesbibliothek Darmstadt

Verlagsportale

- SpringerLink

Elektronische Zeitschriften Kataloge und Datenbanken

- WISO
- ZDB
- Econbiz
- Statista

Suchmaschinen für wissenschaftliche Arbeiten

- GoogleScholar
- ISI Web of Knowledge

Der eigentliche Suchvorgang in den digitalen Bezugsquellen wurde mit Hilfe der Methode der Schlagwortsuche durchgeführt. Folgende Schlagwörter bzw. Kombinationen aus Schlagwörtern wurden nach Sichtung erster Einführungsliteratur als geeignet eingestuft und zur effektiven Literaturrecherche genutzt:

- Generation Z
- Generation Y
- Baby Boomer
- Generation
- Kohorte
- Arbeitgeberattraktivität
- Gesellschaft
- Employer Branding
- Mitarbeiterbindung
- Workplace
- Employees
- Recruiting

- Retaining
- Generations
- Fachkräftemangel

Der Suchvorgang mit Hilfe der genannten Schlagworte verlief in zwei Schritten: Zunächst wurde das Schlagwort bzw. die Schlagwort-Kombination innerhalb des gesamten Textbereichs möglicher Publikationen gesucht wird. Im Falle einer zu großen Ergebnismenge, wurde der Suchbereich im Anschluss lediglich auf den Titel der Publikationen begrenzt.

Obwohl durch diese Vorgehensweise eine Vielzahl an wissenschaftlichen Arbeiten identifiziert werden konnte, ist es nicht möglich über die beschriebene Suchstrategie alle tatsächlich relevanten Publikationen ausfindig zu machen. Aufgrund der Aktualität bestimmter Zeitschriftenartikel oder Veröffentlichungen, sind noch nicht alle Publikationen katalogisiert oder lassen sich über die verwendeten Schlagwörter nicht eindeutig identifizieren [29]

Daher wurde die systematische Literaturrecherche um eine manuelle Recherche außerhalb der festgelegten Bezugsquellen ergänzt. Die Dokumentation und Archivierung der Literatur erfolgte mit Hilfe von Excel (vgl. digitaler Anhang: Literatur_Liste.xlsx) und einem Literaturverwaltungsprogramm.

Nachfolgend werden die Ergebnisse der Literaturrecherche vorgestellt:

Insgesamt wurden 97 relevante Literaturquellen identifiziert und analysiert. Nach der Sichtung der Literatur wurden davon 12 Publikationen jedoch zurückgestellt, sodass in dieser Arbeit insgesamt 85 Quellen verwendet wurden. Es handelt sich dabei hauptsächlich um Arbeiten aus dem Zeitraum 2013-2017, was die Aktualität der behandelten Thematik verdeutlich (vgl. Abb. 2).

[29] vgl. Guba, 2008, S. 62-64

Abbildung 2 - Publikationen / Jahr[30]

Bei den gefundenen Quellen handelt es sich um 71 deutschsprachige und 4 englischsprachige Publikationen. Dies ist zum einen bedingt durch die Suchstrategie mit überwiegend deutschen Schlagwörtern, zum anderen jedoch auch darin begründet, dass der Begriff Generation Z überwiegend im deutschsprachigen Raum verbreitet ist.

Die genutzten Arbeiten liegen überwiegend in Buchform (25 St.) bzw. als Zeitschriftenartikel (28 St.) vor. Die am häufigsten vertretene Fachzeitschrift ist die „PERSONALquaterly" (5 Artikel). Die restlichen Publikationen verteilen sich auf Buchabschnitte, Artikel auf Websites oder wissenschaftlichen Reports (vgl. Abb. 3)

30 eigene Darstellung

Abbildung 3 - Art der Publikationen[31]

31 eigene Darstellung

2 Theoretische Grundlagen - Generationenthematik

Um ein grundlegendes Verständnis dieser Thematik herbeizuführen und darüber hinaus den Überlegungen der vorliegenden Arbeit folgen zu können, widmet sich dieser Abschnitt den theoretischen Grundlagen der Generationenthematik. Um die personalpolitischen Maßnahmen wie Rekrutierung oder Entwicklung zielführend abzuleiten, ist es wichtig zu erkennen, welche Generationen am Arbeitsmarkt aufeinander treffen, wodurch sich die Vertreter der jeweiligen Kohorte auszeichnen und worin die Unterschiede liegen.

2.1 Generationen als Erklärungsansatz

Auf die Frage, was unter der Generation Z verstanden werden kann, gibt es unzählige Antworten, die je nachdem aus welcher wissenschaftlichen Disziplin/Forschungsperspektive z.B. Wirtschaftswissenschaften oder Soziologie heraus beantwortet wird zu unterschiedlichen Ergebnissen kommt. Letztere erklärt individuelle Besonderheiten im Denken und Verhalten von Menschen verschiedenen Alters oftmals durch ihre Zugehörigkeit zu einer Generation.[32] Für den vorliegenden Gegenstand eignet sich der historisch-gesellschaftliche Generationenbegriff in der Tradition des Soziologen Karl Mannheims (1928).[33] Ihm zufolge ist eine Generation "eine gesellschaftliche Kohorte [...], die Geburtsperiode und prägende kollektive Ereignisse [...] in Kindheit und Jugend teilt"[34]. Nach diesem Verständnis entstehen Generationen durch das Zusammenfassen von Menschen zu einer Gruppe, welche bedeutende gesellschaftliche und historische Ereignisse in einer ähnlichen Lebensphase erlebt haben. Voraussetzung hierfür ist wiederum ein annähernd gleicher Geburtszeitpunkt.[35] Da für jede Generation neben individuellen Erfahrungen auch kollektive Erlebnisse prägend sind[36], dürften damit aus Generationensicht Geschehnisse wie Revolutionen, Umweltkatastrophen und Weltkriege, aber auch der allgemeine Wertewandel oder andere einschneidende Zäsuren, bedeutsam sein. So beschreibt Jureit, dass gerade der Erste Weltkrieg einen einzig-

32 vgl. Klaffke & Plambeck, 2015, S.36; Bebnowski, 2012, S. 12
33 vgl. Jureit & Wildt, 2005, S. 20
34 Klaffke, 2014, S. 9
35 vgl. Klaffke & Plambeck, 2015, S. 36-43
36 vgl. Scholz, 2014, S. 41

artigen Einschnitt darstellte und wie kein anderes Ereignis als eine Generationenerfahrung wahrgenommen und gedeutet wurde.[37]

Die zugrunde gelegten Annahmen führen zum eigentlichen Kern des Generationenkonzepts, nämlich der Ausprägung von typischen Merkmalen, Verhaltenspräferenzen und Werten, die zur Herausbildung einer spezifischen Generation führen.[38] Dahinter steht die These, dass vor allem durch Erfahrungen in den Kinder-, Jugend- und frühen Erwachsenenjahren die grundlegenden Wertevorstellungen eines Menschen geformt werden, die sich dann während der formativen Phase durch ähnliche Handlungs- und Reaktionsmuster äußern.[39] Doch nicht alle Menschen reagieren auf die gleiche Weise. Denn ein und dieselbe Situation kann äußerst unterschiedlich wahrgenommen werden, so dass sich bei den konkreten Ausdrucksformen vielmehr geradezu Gegensätze beobachten lassen, die aber auf einer gemeinsamen Grundstimmung beruhen.[40] Für ein besseres Verständnis generationsspezifischer Verhaltenspräferenzen von Menschen, kann es dennoch aufschlussreich sein, bedeutsame Ereignisse und veränderte Lebensumstände, die sich während der Kindheit und Jugend begeben haben, näher zu analysieren.[41] Denn Kinder- und Jugendjahre haben durchaus einen entscheidenden Einfluss auf das Bewusstsein und das weitere Leben.[42]

2.2 Beschreibung ausgewählter Generationen

In der Diskussion um verschiedene Generationen hat sich bisher keine einheitliche Generationen-Gliederung durchgesetzt. Vielfach wird die amerikanische Generationensystematik auf den deutschen Kontext übertragen, wobei dies nicht ohne Weiteres möglich ist.[43] Neben unterschiedlichen Zeitspannen und Definitionen finden sich auch vielfältige Synonyme für die einzelnen Generationen, die spezielle Elemente zur Generationencharakterisierung benennen.[44] Zudem ist zu

---

37 vgl. Jureit & Wildt, 2005, S. 21

38 vgl. Scholz, 2014, S. 16

39 vgl. Herrmann, 2006, S. 35; Klaffke, 2014, S. 9

40 vgl. Jureit & Wildt, 2005, S. 4

41 vgl. Klaffke & Plambeck, 2015, S. 36

42 vgl. Klaffke & Parment, 2011, S. 6

43 vgl. Otto & Remdisch, 2015,S.50; Klaffke&Plambeck, 2015, S.36; Burch, Kunze, & Böhm, 2010, S.94

44 vgl. Hucke, Füssel, Goll, & Dietl, 2013, S. 126

berücksichtigen, dass die Autoren die Generationen zeitlich unterschiedlich abgrenzen, selbst wenn die Bezeichnungen sich ähneln oder sogar dieselben sind. Außerdem werden Kategorisierungen von Personengruppen einiger Autoren von anderen wiederum in mehrere Generationen unterteilt.[45] Um diesen Unterschieden zu begegnen, müssen zumindest Anpassungen vorgenommen werden.[46] So setzte beispielweise in Amerika der Baby Boom ungefähr 10 Jahre früher ein, als im kriegsgeschädigten Deutschland.[47]

Für die vorliegende Arbeit sollen die Definitionen von Scholz, Inhaber des Lehrstuhls für Betriebswirtschaftslehre an der Universität des Saarlandes, und Klaffke, Autor des Buches ‚Generationen-Management', verwendet werden. Sie beschäftigen sich beide seit vielen Jahren intensiv mit den besonderen Anforderungen verschiedener Generationen an die Arbeitswelt. Nach der Generation Y betreiben beide nun auch Forschungen zur Generation Z und werden in diesem Zusammenhang häufig als Experten genannt.

Im Folgenden wird eine Charakterisierung der auf dem Arbeitsmarkt zu dieser Zeit befindlichen Generationen vorgenommen. Das untenstehende Generationen-Tableau nach Klaffke stellt die unterschiedlichen Phasen im Leben der Babyboomer, Generation X, Generation Y und Generation Z dar: die Sozialisation, die formative Phase, die Erwerbsphase und der Ruhestand.[48]

---

45 vgl. Pfeil, 2017, S. 63

46 vgl. Otto & Remdisch, 2015,S.50; Klaffke&Plambeck, 2015, S.36; Burch, Kunze, & Böhm, 2010, S.94

47 vgl. Dimbath, 2016, S. 184; Klaffke, 2014, S. 11; Burch, Kunze, & Böhm, 2010, S. 94

48 vgl. Klaffke, 2014, S. 10 f.

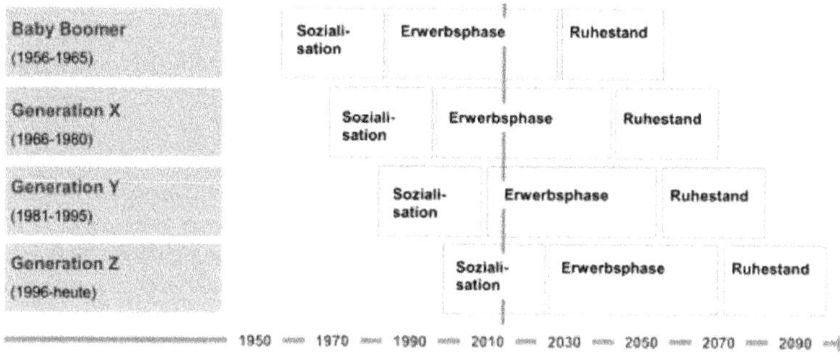

Abbildung 4 - Generationen[49]

Demnach treffen derzeit vier Generationen auf dem Arbeitsmarkt aufeinander, die grundsätzlich unterschiedliche Charaktereigenschaften aufweisen.

Tabelle 1 zeigt die Abgrenzung der einzelnen Generationen hinsichtlich verschiedener Merkmale in Anlehnung an Scholz und Mangelsdorf. Dahinter steckt, wie bereits erläutert, die Annahme, dass Generationen im hohem Maße vom jeweiligen gesellschaftlich-historischen Moment abhängig sind und aus dem entsprechenden Kontext heraus erschlossen werden müssen. Es wird kein Anspruch auf eine umfassende Betrachtung erhoben, welche alle empirischen und theoretischen Grundlagen zu dem Thema liefert. Vielmehr erfolgen überblicksmäßige Beschreibungen, die ein bildhaftes Verständnis der jeweiligen Generation ermöglichen.

[49] Klaffke, 2014, S. 12

	Baby Boomer	Generation X	Generation Y	Generation Z
Tendenzielles Geburtsjahr	Ungefähr 1955 - 1965	Ungefähr 1966 - 1979	Ungefähr 1980 - 1994	Ungefähr Ab 1995
Grundhaltung	Idealismus	Skepsis	Optimismus	Realismus
Hauptmerkmal	Selbst-erfüllung	Perspektiv-losigkeit	Leistungs-bereitschaft	Bindungs-losigkeit
Gesellschafts-bezug	(lokale) Gemeinschaft	(lokale) Ge-meinschaft	(internationa-le) Gemein-schaft	(globale) Gemeinschaft
Rolle	Kollektivis-mus	Individualis-mus	Kollektivismus	Individualis-mus
Qualifikation	Lernen für das Unter-nehmen	Wenig lernen	Bezahltes Lernen	Für sich lernen
Familie und Beruf	Nur Beruf	Privatleben trotz Beruf	Fließender Übergang von Berufs- und Privatleben	Klare Tren-nung zwischen Berufs- und Privatleben
Informations-fluss	Mittel	Niedrig	Mittel	Stark

Tabelle 1 - Generationen[50]

Die Begriff der **Baby Boomer** (syn. Krisenkinder, Nachkriegsgeneration, Wirtschaftswundergeneration) bezeichnet in etwa die Geburtenjahrgänge zwischen 1956 und 1965.[51] Auf dem Höhepunkt des Babybooms inmitten des Wirtschaftswunders im Jahr 1964 kamen rund 1,4 Millionen Kinder auf die Welt. Zahlenmäßig stellen die Baby Boomer derzeit die Älteste und zeitgleich stärkste Generation auf dem Arbeitsmarkt dar.[52] Die formative Phase erlebten die Vertreter - abhängig vom Geburtsjahr - in den Jahren zwischen 1965 und 1989.[53]

---

50 eigene Darstellung in Anlehnung an Mangelsdorf, 2015, S. 22; Scholz, 2014, S. 73 ff.

51 vgl. Pfeil, 2017, S. 65

52 vgl. Statistisches-Bundesamt, 2014

53 vgl. Klaffke, 2014, S. 12

Während des Sozialisationsprozesses der Kinder dieser Generation fanden prägende politische Ereignisse in Deutschland (wie der Bau der Berliner Mauer (1961), der Deutsche Herbst (1977) sowie weltweit (die Kubakrise (1962), Mord von John F. Kennedy (1963) und Martin Luther King (1968), der Vietnamkrieg (bis 1975)) statt. Auf gesellschaftlicher Ebene haben die Flower-Power-Bewegung (1969), die Mondlandung (1969) die Einstellung und Entwicklung der Babyboomer beeinflusst. Während in den 60er Jahren noch das ‚Wirtschaftswunder' nach dem Zweiten Weltkrieg anhielt, verringerte sich das Wirtschaftswachstum in den 70er Jahren erheblich. Vor allem auch das Aufkommen der Antibabypille zu Beginn der 60er Jahre und die dadurch stark sinkende Fertilitätsrate prägte das gesellschaftliche Leben.[54]

Eine optimistische und idealistische Lebenseinstellung sowie eine freundliche, kommunikative, hilfsbereite und sozialkompetente Persönlichkeit ist für den Babyboomer charakteristisch. Durch die starken Geburtenkohorten entwickelten die Kinder dieser Generation eine stark ausgeprägte Wettbewerbsnatur, ein ausgeprägtes Selbstbewusstsein sowie eine hohe Durchsetzungsfähigkeit. Trotz der schwierigen Situation, dass sie um Ausbildungs- und Arbeitsplätze konkurrieren mussten, wird ihnen ein guter Teamgeist, eine hohe Arbeitsmoral und Loyalität gegenüber dem Arbeitgeber zugeschrieben. Vor allem dem Mann, als Versorger der Familie, wird eine hohe Arbeitsorientierung und ein ausgeprägtes Verantwortungsgefühl unterstellt. Ziel der Generation ist es trotz der Unterstellung, zu leben, um zu arbeiten, ein Gleichgewicht zwischen Arbeit und Privatleben herzustellen.[55]

Inzwischen sind die Baby Boomer zwischen 52 und 61 Jahren alt und werden daher bis zum Jahr 2030 im Ruhestand sein. Damit befindet sich diese Altersgruppe mittlerweile im höheren Erwerbsalter und wird den skizzierten erheblichen Rückgang der deutschen Erwerbsbevölkerung hervorrufen.[56]

Der Begriff **Generation X** (syn. Post-Boomers, Generation MTV, Schlüsselkinder, Generation Golf) bezeichnet in etwa die Geburtenjahrgänge zwischen 1966 und 1980.[57] Der Name wurde von Douglas Couplands sozialkritischen Roman „Gene-

---

[54] vgl. Pfeil, 2017, S. 65

[55] vgl. Pfeil, 2017, S. 66

[56] vgl. Klaffke, 2014, S. 12

[57] vgl. Pfeil, 2017, S. 67

ration X" abgeleitet, der die damalige Wohlstandssituation und die älteren Generationen thematisierte.[58] Die formative Phase erlebten die Vertreter – abhängig vom Geburtsjahr – in den Jahren zwischen 1982 und 2004.[59]

Während des Sozialisationsprozesses der Kinder dieser Generation ereigneten sich wichtige politische Ereignisse in Deutschland (Fall der Berliner Mauer (1989), Wiedervereinigung Deutschlands (1990), Vielzahl rechtsextremer Anschlägen zu Beginn der 90er Jahre) sowie weltweit (Kriege in Afghanistan, Diskussion um AIDS (ab 1981/1982), Tschernobyl). Auf wirtschaftlicher und gesellschaftlicher Ebene haben die fortschreitende weltweite Rezession und die daraus resultierende angespannte Arbeitsmarktsituation zu Beginn der 1980er Jahre die Einstellung und Entwicklung der Generation X beeinflusst.[60] Die Arbeitslosenquote in Deutschland stieg von 3,8 Prozent in 1980 innerhalb der nächsten drei Jahre auf 9,1 Prozent. Nicht zuletzt wurde mit der Entstehung der Europäischen Union im Jahre 1992 der Grundstein für eine wirtschaftliche, politische sowie gesellschaftliche Zusammenarbeit gelegt.[61]

Die Generation X lässt sich durch eine rationale und pragmatische Grundhaltung mit teilweise pessimistischen Zügen charakterisieren. Ihren Vertretern wird eine noch stärkere Eigenverantwortung als den Babyboomern zugeschrieben. Die Generation X fordert eine ausgeglichene Balance zwischen Berufs- und Privatleben und gehört lt. Scholz, im Gegensatz zu den Babyboomern, zu den Menschen, die arbeiten, um zu leben. Ihre aufbegehrende Arbeitsmoral lässt sie durchaus auch Anweisungen und Arbeitsabläufen kritisch gegenüber stehen. Nicht kritisch hingegen stehen sie Veränderungen und dem Wettbewerb gegenüber.[62]

Der Begriff **Generation Y** (syn. Digital Natives[63], Millennials[64], Generation Internet[65]) bezeichnet in etwa die Geburtenjahrgänge zwischen 1980 und 1995. In einem Artikel des Marketingmagazins Advertising Age wurden im Jahr 1993 maximal zwölf Jahre alte Jugendliche als ‚anders' in ihren Charakteristika beschreiben.

---

58 vgl. Burch et al., 2010, S. 105; Parment, 2013, S. 7

59 vgl. Klaffke, 2014, S. 12

60 vgl. Kupperschmidt, 2000, S. 69

61 vgl. Pfeil, 2017, S. 67 f.

62 vgl. Pfeil, 2017, S. 68

63 vgl. Gurtner, Dievernich, & Kels, 2013, S. 245; Kunze, 2013, S. 232;Imme & Wind, 2011, S. 45

64 vgl. Klaffke & Parment, 2011, S. 5; Parment, 2013, S. 7; Imme & Wind, 2011, S. 45

65 vgl. Becker & Heuzeroth, 2014, S. 45

Sie erhielten den Status einer neuen Generation mit der Bezeichnung Generation Y. Im englischen wird das ‚Y' wie das Wort ‚Why' ausgesprochen, zu Deutsch ‚warum', und betont nach Klaffke ein wesentliches Merkmal der Generation Y. Der Generation Y wird nachgesagt, auf der Suche nach Begründungen zu sein und geltende Regeln und Normen, die von anderen Generationen als selbstverständlich angesehen werden, infrage zu stellen.[66] Biemann und Weckmüller sehen in dem Buchstaben ‚Y' in erster Linie die alphabetische Anknüpfung an die vorherige Generation und leiten daraus nicht unmittelbar ein Charakteristikum dieser Generation ab.[67] Die Generation Y ist in einer globalisierten Welt aufgewachsen, die nicht zuletzt aufgrund des Börsencrashs im Jahr 2008 durch eine ansteigende Unsicherheit charakterisiert war. Das wohl für diese Generation einprägsamste und somit einflussreichste Ereignis waren die Terroranschläge auf das World-Trade-Center am 11. September 2001.[68]

Die Verbreitung des Internets und die zunehmende Digitalisierung beeinflussten ihre Jugendjahre ebenso wie die zahlreichen Konsummöglichkeiten und mediale Angebote.[69] So trug etwa die verbreitete Computer-und Internetnutzung dazu bei, dass diese Generation mit einer großen Anzahl an Informationen versorgt und gleichzeitig dessen Umgang und Verarbeitung erlernt wurde. Folglich scheint es nicht verwunderlich, dass der Generation Y neben einem besonderen Informations-und Feedbackbedürfnis, auch eine große Informationsbeschaffungs- und verarbeitungsstärke zugesprochen wird.[70]

Die Arbeit nehmen die Yler, anders als ihre Vorgänger, die diese tendenziell auf eine Verpflichtung mit dem alleinigen Zweck der Existenzsicherung reduzierten, als eine Möglichkeit zur Selbstverwirklichung wahr. Dies hat zur Folge, dass extrinsische Motivatoren wie monetäre Anreize nicht mehr so stark wirken sondern die intrinsische Motivation im beruflichen Kontext stärker in den Vordergrund rückt.[71] Durch das Aufwachsen inmitten des Globalisierungs-Prozesses spielen für die Vertreter der Generation Y Internationalität, Offenheit und Toleranz eine zentrale Rolle, das sich unter anderem in einer starken Diversity-

---

[66] vgl. Klaffke, 2014, S. 12 f.

[67] vgl. Biemann & Weckmüller, 2013, S. 47

[68] vgl. Klaffke, 2011, S. 60

[69] vgl. Klaffke, 2014, S. 13

[70] vgl. Schulenburg, 2016, S. 10-11

[71] vgl. Schulenburg, 2016, S. 11

Orientierung äußert. Dementsprechend fallen auch die Anforderungen an die Unternehmen aus – Diversity-fokussierte, tolerante Arbeitgeber, die zudem noch die Möglichkeit einer Auslandentsendung anbieten, sind bei der Generation Y besonders beliebt. [72] Die Globalisierung brachte neben steigender Internationalität auch zunehmenden Wettbewerb und damit die Notwendigkeit einer höheren Leistungserbringung. Dies hat eine starke Leistungsorientierung der Generation Y zur Folge und ihrem eigenen Anspruch, eine qualitativ hochwertige, wertvolle Arbeit zu erbringen. Entsprechend erwarten die Yler von ihrem Arbeitgeber Weiterentwicklungs-, Karriere,- und Aufstiegschancen.[73]

Diese zunehmende Wettbewerbsgesellschaft, in der diese Generation groß geworden ist, scheint zudem ihr hohes Maß an Flexibilität begünstigt zu haben. Diese Generation hat nur wenig Interesse an einer langfristigen Bindung zu einem Unternehmen. Sie wollen sich nicht dauerhaft festlegen, um sich zukünftige, bessere Jobmöglichkeiten vorzubehalten und bei entsprechend lukrativen Angeboten flexibel reagieren zu können. Folglich fällt ihre Loyalität gegenüber einem Arbeitgeber eher gering aus. Auch deshalb wird dieser Generation wahlweise ein opportunistisches Verhalten zugeschrieben.[74]

2.3 Generation Z

Anders als in Australien, Frankreich und den USA hat sich in Deutschland noch keine einheitliche Bezeichnung für die Nachfolgegeneration der Generation Y durchgesetzt.[75] Sie werden in der Fachliteratur als Generation Z, Generation Internet oder auch iGeneration bezeichnet. Hierbei knüpft der Name alphabetisch an die Vorgänger-Generationen an bzw. unterstellt die Verbreitung des Internets ab dem Jahr 1995 als substanzielles konstituierendes Charakteristikum.[76] Mitunter werden die Generationen Y und Z nicht unterschieden und durchgehend unter der ‚Generation Y' oder als ‚Digital Natives' diskutiert. Scholz und Klaffke erachten

[72] vgl. Schulenburg, 2016, S. 17

[73] vgl. Schulenburg, 2016, S. 12

[74] vgl. Schulenburg, 2016, S. 14; Klaffke, 2011, S. 66; Gurtner & Kels, 2016, S. 28

[75] vgl. Scholz & Weth, 2015, S. 264

[76] vgl. Klaffke, 2014, S. 69

eine Differenzierung jedoch als unbedingt notwendig und führen als Begründung klar unterschiedliche Werte- und Verhaltensmuster an.[77]

Wie bei den Vorgänger-Generationen gibt es auch bei der Generation Z unterschiedliche Auffassungen darüber, ab welchem Geburtsjahr ein Individuum dieser Generation angehört. Bencsik et al. bezeichnen die von 1995 bis 2010 Geborenen als Generation Z und führen für die nach 2010 Geborenen bereits eine neue Generation unter dem Namen Generation Alpha ein.[78] Appel zählt die Jahrgänge ab 1995 zur Generation Z und schränkt den Zeitraum nicht durch ein finales Geburtsjahr ein.[79] Hurrlemann nennt die heutigen Kinder und Jugendlichen "Generation?" und ordnet sie in die Geburtsjahre von 2000 bis 2015 ein.[80] Nach Mangelsdorf und Klaffke gehören diejenigen Personen, die ab 1996 geboren wurden zur Generation Z.[81] Bugge ordnet die Generation Z in die Geburtsjahrgänge ab 1998 ein.[82] Hesse macht widersprüchliche Angaben zu den Jahrgängen der Generation Z. In einem Beitrag zum Thema ‚Auf dem Weg zum Enterprise 2.0: Digitalisierung, Demografie und Wertewandel als Treiber für Change-Management und Kulturwandel' nennt er die die Geburtsjahre ab 2003 für die Generation Z und in einer weiteren Veröffentlichung ‚Perspektivwechsel im Employer Branding' die Jahrgänge ab 1995.[83] Da die Generation Z in der Literatur tendenziell mit dem Geburtsjahrgang 1995 beginnt, wird in der vorliegenden Arbeit der Ursprung auf das Jahr 1995 festgesetzt. Ausgehend davon sind die ältesten Vertreter dieser Generation heute zwischen 21 und 22 Jahren alt. Mitunter befinden sich die Z'ler aber zum Großteil noch mitten in den prägenden Kinder - und Jugendjahren.[84] Insgesamt ist in Deutschland derzeit von einem Umfang von ca. 16 Mio. Vertretern dieser Generation auszugehen[85], wovon nach Berechnungen von Scholz bereits rund 3 Mio. als Auszubildende, Trainees oder Mitarbeiter ihre ersten Erfahrungen

---

[77] vgl. Klaffke, 2014, S. 69; Scholz & Weth, 2015, S. 264

[78] vgl. Bencsik et al., 2016, S. 92

[79] vgl. Appel & Michel-Dittgen, 2013, S. 4

[80] vgl. Hurrelmann & Albrecht, 2014, S. 17

[81] vgl. Mangelsdorf, 2015, S. 13; Klaffke, 2014, S. 13

[82] vgl. Bugge, 2015, S. 561

[83] vgl. Hesse, Mayer, Rose, & Fellinger, 2015; Hesse, 2015, S. 77

[84] vgl. Klaffke, 2014, S. 69

[85] vgl. Statistisches-Bundesamt, 2014

im Berufsleben sammeln.[86] Eine Vielzahl weiterer Jugendlicher wird schon bald Universitäten auswählen und in die Unternehmen eintreten oder hat bereits eine Entscheidung getroffen und steht damit am Beginn ihrer beruflichen Karriere.[87]

Im Hinblick auf die Thematik der zugrundeliegenden Masterarbeit sind berufliche Präferenzen sowie die Anforderungen der Generation Z an die Unternehmen und die damit verbundene Bedeutung für die Arbeitswelt von besonderer Relevanz. Um ihre Vorstellungen und Grundhaltungen in Bezug auf die Arbeitswelt besser zu verstehen, soll die Generation Z zunächst allgemein beschrieben werden. Hierbei sollen auch umweltbezogene Einflüsse sowie persönliche Faktoren berücksichtigt werden, von denen davon ausgegangen werden kann, dass sie auf die Prägung während der formativen Phase eingewirkt haben. Über eine Beeinflussung historisch-gesellschaftlicher Ereignisse auf die Prägung der Generation Z sind noch nicht genügend zuverlässige Aussagen möglich, da die besonders relevante formative Phase noch nicht oder erst kürzlich eingesetzt hat.[88]

Sicherheits- und Zugehörigkeitsbedürfnisse reihen sich bei der Generation Z flexibel neben Leistungsorientierung, Ehrgeiz und dem Wunsch nach individueller Entfaltung ein. Besonders auffällig ist ihr pragmatischer Optimismus im Hinblick auf die eigene Zukunft, wobei diese eher kurzperspektivisch gedacht wird. Gemäß den Ergebnissen des Sinus-Instituts haben die Zler durchaus Träume, fokussieren sich jedoch nicht besonders stark auf diese. Die Vertreter der Generation sind eher auf der Suche nach pragmatischen Lösungswegen und nähern sich der Verwirklichung ihrer Träume an, jedoch nur bis zu einem gewissen Risiko.[89] Bedingt durch die zunehmende Akademisierung und das damit einhergehende vielfältige, aber auch unüberschaubare Angebot an Bildungs-und Berufsmöglichkeiten, empfindet die Generation Z oftmals Orientierungslosigkeit. Diese Unsicherheit wird zusätzlich durch die frühe Berufswahlentscheidung, die Folge der verkürzten Schulzeit sowie des Wegfalls der Wehr-und Zivildienstpflicht, verstärkt. Folglich scheint es wenig verwunderlich, dass Vertreter dieser Generation ein starkes Sicherheits-und Orientierungsbedürfnis aufweisen. Die Veränderungen im Bildungssystem führen nicht zuletzt auch dazu, dass die Übergänge zwischen den

[86] vgl. Bedürftig, 2016

[87] vgl. Klaffke, 2014, S. 69

[88] vgl. Klaffke, 2014, S. 14

[89] vgl. Klaffke, 2011, S. 73 ff.

Phasen Kindheit, Jugend und junger Erwachsener schneller verlaufen als zuvor und die Anforderungen in Bezug auf Leistungsfähigkeit und Flexibilität steigen. Dies kann zu einer Überforderung führen und den Wunsch nach einer regenerativen Auszeit etwa in Form einer Pause nach Beendigung der Schule beispielsweise durch eine Weltreise, eines Auslandsaufenthaltes oder eines freiwilligen sozialen Jahres oder auch Sabbaticals während des Berufsleben aufkommen lassen. Klaffke geht davon aus, dass diese bewusst genommenen, meist längerfristig andauernden Erholungsphasen bei der Generation Z zunehmen werden.[90]

Eine besondere Bedeutung erlangt die Mediatisierung in der Persönlichkeitsentwicklung der Generation Z. Sie ist die erste Generation die in eine digitale Welt hineingeboren wurde und die digitale Medien und soziale Netzwerke als selbstverständlichen Bestandteil des Alltags erlebt. So waren Web 2.0 Technologien und Anwendungen wie Google (1998), Wikipedia (2001), Facebook (2004) und YouTube (2005) bereits erprobt, als diese junge Generation mit der Nutzung des Internets in Berührung kam. Diese Gegebenheit hat demnach das Freizeitverhalten, die Art und Weise der Kommunikation und des Konsums digitaler Informationen der Generation Z entscheidend beeinflusst.[91] Im Gegensatz zu ihren Vorgängern, ist die Generation Z viel vertrauter im Umgang mit digitalen Medien und sozialen Netzwerken. Während etwa die Generation Y zwischenmenschliche Beziehungen und Kommunikation ohne Internet geführt hat, wachsen die Vertreter der Generation Z mit weltweiter Vernetzung auf und schließen Freundschaften online.[92] Die Mediennutzung im beruflichen als auch privaten Alltag führt dazu, dass diese Generation sich gut informiert fühlt und schnell und einfach Zugang zu Informationen und Wissen bekommt. Der Umgangston und das Miteinander innerhalb des kommunikativen Austausches sind geprägt von Ehrlichkeit, Direktheit, Kurzlebigkeit und Unkompliziertheit.[93]

---

[90] vgl. Klaffke, 2011, S. 73, 75-76

[91] vgl. Klaffke, 2014, S. 70

[92] vgl. Mangelsdorf, 2015, S. 21

[93] vgl. Mangelsdorf, 2015, S. 62

3 HR im Hinblick auf die Generation Z

Die Rekrutierung und Bindung von Mitarbeitern gehört zu den Aufgabenbereichen der Personalabteilung, auch Human Resources (HR) genannt. Hier gilt es neue Mitarbeiter zu gewinnen, um freie Stellen mit geeigneten Kandidaten zu besetzen und eine Bindung dieser an den Arbeitgeber zu erreichen. Im Folgenden sollen zunächst die grundlegenden Erwartungen der Generation Z an die Berufstätigkeit behandelt werden. Im Anschluss werden ausgewählte Instrumente, die sich für die Mitarbeiterrekrutierung, -Führung und –Entwicklung der jungen Erwachsenen eignen, näher betrachtet.

3.1 Grundlegende Erwartungen der Generation Z an die Berufstätigkeit

Aufgrund der deutlichen differenzierten Wertevorstellungen, sozio-kulturellen und sozio-ökonomischen Faktoren, die die Generation Z von ihren Vorgängern unterscheidet, ergeben sich abweichende Erwartungen und Bedürfnisse im Hinblick auf die Arbeitswelt. Besonders deutlich wird diese geänderte Erwartungshaltung im direkten Vergleich mit der Vorgängergeneration Y. Um die beruflichen Präferenzen und Wünsche der Generation Z hervorzuheben, zeigt das nachfolgende Tableau, mit welchen Antworten potenzielle Arbeitgeber, beispielsweise in einem Vorstellungsgespräch, Vertreter der Generation Z beeindrucken und überzeugen können.[94] (vgl. Abb. 5)

[94] vgl. Scholz, 2015a

Wie der Nachwuchs tickt

	Antworten für Generation Y	Antworten für Generation Z
1.	„Wir haben ein flexibles Arbeitszeit-system."	„Wir haben geregelte Arbeitszeiten und klaren Dienstschluss."
2.	„Systematisches Talent-Management wird bei uns großgeschrieben."	„Es gibt regelmäßig für alle gute Angebote zur Weiterentwicklung."
3.	„Wir haben ein Entlohnungs-system, bei dem sich Leistung wirklich lohnt."	„Wir verzichten weitgehend auf variable Entlohnung und bezahlen dafür, was Sie können."
4.	„Sie können bei uns sehr rasch Führungsverantwortung übernehmen."	„Bei uns können Sie auch jenseits der Führungskarriere wirklich gut aufsteigen."
5.	„Natürlich gibt es auch Home-Office-Möglichkeiten – Sie sollen da arbeiten, wo Sie am produktivsten sind."	„Der Regelarbeitsplatz ist im Unterneh-men und an Ihrem Schreibtisch. Trotz-dem können Sie natürlich manchmal einen Home-Office-Tag nehmen."

Abbildung 5 - Generation Y vs. Generation Z[95]

Beide Gruppen haben eine völlig andere Sichtweise auf ihren Arbeitgeber und ihre eigene Rolle im Unternehmen, weshalb die Personalarbeit individuell auf die jeweilige Gruppe abgestimmt werden sollte.[96] Besonders deutlich wird der Unterschied etwa, wenn es um das Verständnis von Arbeits- und Freizeit-Verhältnis geht. Während die Generation Y auf eine Work-Life-Balance besteht, also der Vereinbarkeit von Arbeit und Privatem, am besten über flexible Arbeitszeitmodelle, verlangt die Generation Z ein strikte Trennung von beruflichen Belangen und der eigenen Freizeit. Die Vertreter der Generation Z haben das Bedürfnis nach eindeutigen Vorgaben und Strukturen in Bezug auf Arbeitszeit und Arbeitsplatz. Sie wollen im Idealfall von 09:00 bis 17:00 Uhr ihren Dienst tun und zwar am festen Büroarbeitsplatz im Unternehmen. Überstunden, Desk-Sharing und Homeoffice sind unerwünscht. Die Generation Y dagegen verlangt genau dies, um eine möglichst gute Kombinierbarkeit von Arbeit und Freizeit zu ermöglichen. Die jüngste Generation möchte keinen Konkurrenzkampf innerhalb des Unternehmens. Sie strebt keine Führungsverantwortung an und hat generell wenig Interesse an Wettbewerbsgedanken. Vielmehr definiert sich diese Generation über die eigene Persönlichkeit anstatt über die Positionen im Beruf oder den Arbeitgeber. Ein ausgeprägter Leistungsgedanke wie ihn die Generation Y verfolgt, ist hier nicht zu finden.

[95] vgl. Scholz, 2015a, S. 45

[96] Scholz, 2015b, S. 78-80

Diese Einstellung spiegelt sich auch im Bereich der beruflichen Bildung und Personalentwicklung wider. Die Generation Z ist durchaus bereit sich fortzubilden und neues Wissen anzueignen, jedoch nicht um den Anforderungen ihres Arbeitgebers gerecht zu werden, sondern um sich selbst zu verwirklichen und die eigenen Interessen voran zu treiben.[97]

In Bezug auf Teamwork, speziell im Bereich der generationsübergreifenden Zusammenarbeit, ist die Generation Z eher ablehnend eingestellt und meidet diese, es sei denn sie ist aufgrund der beruflichen Anforderung dazu gezwungen. Obwohl es egoistisch scheinen mag, verfolgt diese Generation – anders als ihre Vorgänger - keine kurzfristigen, karrierebezogenen Ziele, sondern möchte in ihrer eigene Komfortzone bleiben und ist zufrieden mit ihrem Status quo. [98] Scholz identifiziert darüber hinaus den Realismus als ein besonders zentrales Attribut der Generation Z. Obwohl sie es sich nicht ständig vor Augen führen, ist Vertretern der Generation Z bewusst, dass Unternehmen die Mitarbeiter nicht bedingungslos in den Mittelpunkt rücken. Bei schlechter, für das Unternehmen nicht mehr gewinnbringender Arbeitsleistung, glauben die Zler nicht daran, dass der Arbeitgeber eine Weiterbeschäftigung zustimmen würde. An diesem Umstand stört sich diese junge Generation allerdings nicht, da ihre Loyalität dem Arbeitgeber gegenüber generell eher gering ausfällt. Wenn Zler den Entschluss gefasst haben, ihr Arbeitsverhältnis kurzfristig zu beenden, so tun sie das ohne Berücksichtigung eventuell entstehender Schäden und Schwierigkeiten für Unternehmen und Kollegen.[99]

Um den Anforderungen der Generation Z gerecht zu werden und deren Vertreter nicht nur erfolgreich zu rekrutieren, sondern auch, durch eine auf die jungen Erwachsenen abgestimmte Führung bzw. auch eine Förderung optimal ins Unternehmen zu integrieren, sollen in den nachfolgenden Kapiteln entsprechende Handlungsempfehlungen für das betriebliche Personalmanagement aufgezeigt werden.

---

[97] vgl. Scholz & Weth, 2015, S. 264; Scholz, 2015b, S. 78-80

[98] vgl. Bencsik, Juhász, & Horváth-Csikós, 2016, S. 92-94

[99] vgl. Rieppel, 2016, S. 35

3.2 Implikationen für die Personalrekrutierung

Der Firmeneintritt stellt den Beginn des ,Lebenszyklus' aller Mitarbeiter dar.[100] Im Rahmen der Personalbeschaffung wird sichergestellt, dass die richtigen Kandidaten in der erforderlichen Anzahl und mit den gefragten Qualifikationen zum richtigen Zeitpunkt verfügbar sind.[101] Als Auswahlkriterium für neue Mitarbeiter rücken neben den erforderlichen Fachkompetenzen und den sozialen Kompetenzen eines Bewerbers auch Aspekte der Vielfalt in den Vordergrund. Durch die Schaffung eines Arbeitsumfeldes, welches Anerkennung und Wertschätzung aller Beteiligter in den Mittelpunkt der Betrachtung rückt, versuchen Firmen zunehmend eine Unternehmenskultur zu schaffen, welche Diversität aktiv in den Entscheidungsprozess einbindet.[102]

Die Personalbeschaffung ermöglicht es auf recht einfache Weise, auf die unterschiedlichen Vorlieben und Verhaltensweisen einzelner Generationen passgenau reagieren zu können. Nicht nur die Kandidatenansprache kann über verschiedene Rekrutierungskanäle den Vorlieben entsprechend gestaltet werden. Auch der Auswahlprozess und die daran anschließende Einarbeitung neuer Mitarbeiter kann effektiver gestaltet werden, indem eine generationenspezifische Anpassung der Prozesse vorgenommen wird. Dadurch stellen Unternehmen eine stärkere Bindung der neuen Mitarbeiter an den zukünftigen Arbeitergeber sicher.[103]

Der ,War for Talents' stellt Unternehmen vor die Herausforderung ausreichend qualifizierte Mitarbeiter auf dem Arbeitsmarkt anzusprechen, welcher durch die Knappheit an geeigneten Fachkräften gekennzeichnet ist. Dieser Sachverhalt legt nahe, dass eine möglichst vielfältige Zielgruppe durch spezifische Ansprache zu erreichen eine Notwendigkeit darstellt und von Unternehmen nicht länger als wünschenswertes Musterbeispiel zu betrachten ist.[104]

Die Kandidatenansprache befasst sich im Wesentlichen mit den Beschaffungswegen, die einem Unternehmen zur Verfügung stehen, um neue Mitarbeiter zu rekrutieren.[105] Hat ein Unternehmen die positiven Aspekte einer diversen Beleg-

---

[100] vgl. Mangelsdorf, 2015, S. 25

[101] vgl. Bröckermann, Pepels, & Bergmann, 2013, S. 92

[102] vgl. Mangelsdorf, 2015, S. 25

[103] vgl. Dahlmanns, 2014, S. 9

[104] vgl. Mangelsdorf, 2015, S. 25 f.

[105] vgl. Lorenz & Rohrschneider, 2015, S. 21

schaft erkannt sollte dieses Wissen auch bei der Besetzung einer Vakanz berücksichtig werden. Hierbei sollte sich das Unternehmen der Frage widmen, ob die Besetzung der Stelle von der Berücksichtigung der Generationszugehörigkeit profitiert. Die Frage nach dem geeigneten Bewerber und der geeigneten Generation für die zu besetzende Stelle kann mithilfe der jeweiligen Stellenbeschreibung beantwortet werden. Natürlich sollten Unternehmen hierbei nicht die Diskriminierung einzelner Altersgruppen anstreben, sondern sich vielmehr die typischen Präferenzen der Generationen zu Nutze machen, um alle potenziellen Kandidaten optimal anzusprechen.[106]

3.2.1 Kandidatenansprache und Employer Branding

Da die Zugehörigen dieser Gruppe noch nicht vollständig auf dem Arbeitsmarkt vertreten sind betrifft auch das Thema Kandidatenansprache derzeit nur wenige von ihnen.[107] Bis auf dem Arbeitsmarkt einschlägige Aussagen über die generationsspezifischen Vorlieben und Eigenschaften der Gruppe getroffen werden, können deshalb noch einige Jahre vergehen.[108] Wie das Kapitel 3.1 verdeutlicht, lassen sich jedoch bereits heute dies bezüglich deutliche Tendenzen erkennen.

Da die Generation Z heute vor Allem für den Lehr- und Ausbildungsmarkt interessant ist, sollte sie nicht völlig aus der Betrachtung fallen. Anhand von Studien und Trends lassen sich die Defizite im Wissen über die Vorlieben der Generation durch Vermutungen überbrücken, um auch in diesem Generationenkreis geeignete Bewerber anzusprechen.[109]

Ein Aspekt, welcher für die Generation Z von besonderer Bedeutung ist, ist die Employer Brand, also die Arbeitgebermarke. Da die Generation Z eine markenorientierte und -bewusste Generation ist, zählt neben dem Erscheinungsbild und dem damit verbundenen Wiedererkennungseffekt vor allem die emotionale Ansprache der Zielgruppe. Durch das Employer Branding erzeugen Unternehmen eine Anziehungskraft für die Zielgruppe, ohne hierbei hohe Werbeetats und personelle Ressourcen in weitläufige Recruiting-Kampagnen investieren zu müssen. Dabei tragen authentische Inhalte und multimediale Kanäle in hohem Maße zu

106 vgl. Mangelsdorf, 2015, S. 26

107 vgl. Scholz, 2015b, S. 79

108 vgl. Klaffke, 2014, S. 69; Bedürftig, 2016

109 vgl. Mangelsdorf, 2015, S. 31

einem guten Aufbau einer starken emotionalen Bindung an das Unternehmen bei.[110] Die größte unterstützende Wirkung im Aufbau einer positiven Employer Brand haben dabei visuelle Medien wie Bilder, aber vor allem Videos. Die dadurch erzeugte Aufmerksamkeit ist um ein weites höher als bei Inhalten, welche in reiner Textform an die Zielgruppe gereicht werde, was den positiven Effekt mit sich zieht, dass diese Inhalte schneller und häufiger mit anderen Personen der Zielgruppe virtuell geteilt werden.[111]

Nur etwa einer von zehn Bewerbern beginnt die Suche nach einem Ausbildungsplatz in einer Tageszeitung. Bleibt dieser Informationskanal bei der Stellensuche weitgehend unbeachtet und verliert an Wichtigkeit, dürfen Stellenausschreibungen in den visuellen Medien nicht unterschätzt werden.[112] Aber auch bei diesem Recruiting-Medium ergeben sich Änderungen in Hinblick auf die Jugendlichen, die es zu berücksichtigen gibt. Überzogene Anforderungsprofile empfinden viele Vertreter der Generation Z als abschreckend und sind damit für Unternehmen wenig hilfreich, um geeignete Kandidaten auszuwählen. Oftmals nehmen die Bewerber die Aussagen eines Anforderungsprofils ernster als die Unternehmen selbst. Eine Befragung von Personalverantwortlichen ergab, dass immerhin sechs von zehn Verantwortlichen zustimmen, dass „nicht alle" in der Stellenanzeige beschriebenen Anforderungen erfüllt sein müssen, um die Bewerbung für die ausgeschriebene Stelle zu berücksichtigen. Dem steht die kritische Auseinandersetzung der Generation Z gegenüber. Lediglich 19,1 Prozent bewerben sich nach eigenen Aussagen nur dann auf eine Stellenausschreibung, wenn sie alle gewünschten Anforderungen erfüllen. Dass die Angst aussortiert zu werden, weil ein Kandidat nicht alle Anforderungen erfüllt unbegründet ist zeigt die Tatsache, dass lediglich 2,3 Prozent der Verantwortlichen in Unternehmen Kandidaten konsequent aussortiert, sollte dieser nicht alle Anforderungen erfüllen. Da Unternehmen sich bisweilen tendenziell weniger Gedanken über die genauen Voraussetzungen ihrer potenziellen Azubistellen machen, gehen ihnen dadurch wertvolle Bewerber verloren, die ihre eigene Leistung eher kritisch beurteilen.[113]

---

[110] vgl. Absolventa, 2015, S. 39; Rieppel, 2016, S. 35

[111] vgl. Mangelsdorf, 2015, S. 32

[112] vgl. Franzen, Friese, Oudeman, & Schwarz, 2017, S. 16; Beck & Ullrich, 2017, S. 39

[113] vgl. Beck & Ullrich, 2017, S. 38

Um eine Stellenanzeige zeitgemäß zu gestalten sollten Unternehmen darauf setzen, die Ausbildungsinhalte spannend und transparent darzustellen, ohne hierbei das Anforderungsprofil unrealistisch auszuschmücken.[114] Denn auch die beste Formulierung hilft nicht, wenn Wunschvorstellung des potenziellen Bewerbers nicht mit den wirklichen Inhalten des Berufsbildes zusammenpassen. Im schlimmsten Fall können diese Defizite durchaus zu einem Abbruch des Beschäftigungsverhältnisses führen und kosten das Unternehmen Zeit und Geld, um die vakante Stelle erneut zu besetzen.[115]

Die Ansprache sollte über die Kanäle stattfinden, mit denen sich die jungen Erwachsenen identifizieren, also virtuell und direkt, ganz anders, als es bisher für Unternehmen üblich war. Die E-Mail als Kommunikationsmedium tritt bereits jetzt verstärkt in den Hintergrund, da sie für die Zielgruppe als veraltet gilt.[116] Es ist daher nicht verwunderlich, dass bei einer Studie zum Kommunikationsverhalten der Generation Z der Ruf Reisen GmbH bestätigt wurde, dass nur noch etwas mehr als vierzig Prozent aller 10- bis 27-Jährigen täglich das Medium E-Mail nutzen. Hingegen 95 Prozent der Befragten gaben an, mehrmals täglich bei WhatsApp aktiv zu sein.[117]

Auf diesen Trend müssen Unternehmen reagieren, indem die Möglichkeit zur unkomplizierten und direkten Kommunikation mit dem Unternehmen über Kurznachrichtendienste, wie z.B. WhatsApp, geschaffen wird. Da sich die Kommunikation per WhatsApp auf kurze Satzwechsel beschränkt, können die Informationen, z.B. zur Einladung eines Bewerbers zu einem persönlichen Gespräch, nicht in der ausführlichen Weise versendet werden, wie es bei der Kommunikation per E-Mail der Fall ist. Wer auf diesen Informationsgehalt nicht verzichten möchte und die Informationen weiterhin per E-Mail versenden möchte, sollte auf die Möglichkeit zurück greifen, den Bewerber per Kurznachricht darüber zu informieren, dass ihm weiterführende Informationen per E-Mail zur Verfügung gestellt wurden. Dadurch vermeiden unternehmen, dass im schlimmsten Fall ein Termin nicht zustande kommt, da der Bewerber die Informationen nicht rechtzeitig erhalten hat. Aber auch Webseiten sollten für die Nutzung durch mobile Endgeräte optimiert

114 vgl. Franzen, Friese, Oudeman, & Schwarz, 2017, S. 18

115 vgl. u-form Testsysteme GmbH & Co. KG, 2017, S. 7; Deininger, 2017, S. 19

116 vgl. Erle, 2017

117 vgl. Kwidzinski, 2016

und benutzerfreundlich gestaltet werden.[118] Mobile Recruiting, also die Verwendung mobiler Endgeräte zur Suche nach geeigneten Stellen, rückt gerade bei den jüngeren Kandidaten zunehmend in den Vordergrund.[119] Dennoch findet nicht jedes Online-Medium Zuspruch als Kommunikationskanal, wenn es um die berufliche Ansprache geht. So ergab die ‚McDonald's Ausbildungsstudie 2015', dass Soziale Netzwerke zwar generell an Bedeutung gewonnen haben, aber lediglich für 9 Prozent der unter 25-Jährigen eine Rolle bei der Berufswahl spielen.[120]

Dieser Trend wird durch die Ergebnisse einer weiteren Studie bestätigt. Im Management-Summary zu den ‚Azubi-Recruiting Trends 2017' von u-form zeigt sich, dass die Jugendlichen Social-Media-Kanäle zwar nutzen, um sich generell über Ausbildungsplätze zu informieren, diese Medien aber nicht nutzen, um letztendlich den Kontakt zu Unternehmen herzustellen oder sich sogar von einem potenziellen Arbeitgeber überzeugen zu lassen.[121] Daraus ergibt sich für Unternehmen ein Handlungsbild, das sich wie folgt darstellen lässt. Um den Bezug zur Zielgruppe der Generation Z aufzubauen, ist es bedeutsam, über die verschiedenen Online-Kanäle präsent zu sein, denn das Internet an sich wird von 35 Prozent der Schüler als besonders hilfreich in der beruflichen Entscheidungsphase angesehen.[122] Dazu gehört neben der Platzierung der eigenen Inhalte in Suchmaschinen wie Google auch die ansprechende Gestaltung und regelmäßige Pflege der Karrierewebsite des Unternehms. Aber auch das Online-Angebot der Bundesagentur für Arbeit ist für die Jugendlichen eine wichtige Anlaufstelle, wenn es darum geht sich vor der Bewerbung umfassend über Berufe und den Bewerbungsprozess zu informieren.[123]

Aus diesem generationsbedingten Wandel ergeben sich Handlungsempfehlungen für die zukünftige Ansprache der Zielgruppe. Recruiter sollten auf diese Vorlieben eingehen und die daraus resultierenden Veränderungen für sich nutzen. Sind sie unsicher im sicheren Umgang mit neuen Medien, können sie den Austausch mit ihren jüngeren Kollegen, bestenfalls selbst aus der Generation Z, suchen und vom Austausch der Generationen profitieren. Durch diesen Austausch ist nicht nur ein

[118] vgl. Mangelsdorf, 2015, S. 40
[119] vgl. Klaffke, 2014, S. 77; Weitzel et al., 2015, S. 4 f.
[120] vgl. Köcher et. al., 2015, S. 56
[121] vgl. u-form Testsysteme GmbH & Co. KG, 2017, S. 11
[122] vgl. Köcher et al., 2015, S. 56
[123] vgl. u-form Testsysteme GmbH & Co. KG, 2017, S. 11

Wissenstransfer gegeben, sondern auch der richtige Umgang mit der Zielgruppe wird gefördert.[124]

Doch nicht nur Online lässt sich ein Bezug zu den jungen Erwachsenen aufbauen. Überzeugen lässt sich die Generation Z von Unternehmen tendenziell lieber Offline.[125] Auch hier gibt es vielfältige Wege und Instrumente, um mit der Zielgruppe in Kontakt zu treten. Am besten funktioniert das über Schulen und Ausbildungseinrichtungen, aber auch über Vereine und andere Freizeiteinrichtungen. Neben der Vermittlung klassischer Praktika können Unternehmen über Kooperationsangebote mit solchen Einrichtungen auch andere Schnupperangebote für die potentiellen Bewerber eröffnen. Durch das Angebot von Probearbeiten, Tag der offenen Tür, Bewerbermappen-Checks, Firmenbesichtigungen oder gemeinsamen Projekten werden Unternehmen erlebbar und können leichter eine Beziehung zur Zielgruppe, der Generation Z, aufbauen.[126] Vor allem für die jungen Erwachsenen sind Angebote die einen Blick „hinter die Kulissen“ und einen Erfahrungsaustausch erlauben von besonderer Bedeutung, haben aber bisher den Einzug in den Alltag des Recruiting-Prozesses verpasst.[127] Doch ungeachtet der Schwierigkeiten bei der Besetzung offener Stellen[128] kommen neue Untersuchungen zu dem Ergebnis, dass lediglich ein Drittel der befragten Unternehmen interessierten Bewerbern die Möglichkeit bietet im Vorfeld einen Probearbeitstag im Unternehmen zu absolvieren.[129] Aus Sicht der Schüler werden Erfahrungen aus der Praxis als sehr wichtig eingestuft. Sie gelten als besonders hilfreich, wenn es darum geht herauszufinden, ob ein Beruf zu den eigenen Neigungen passt und welcher Berufsweg letztendlich eingeschlagen werden soll. Gerade hier haben Unternehmen die Möglichkeit die Erwartungen der jungen Erwachsenen zu erfüllen und dem Wunsch nach Authentizität und der Unterstützung in der Ausbildungs- und Berufswahl nachzukommen.[130]

Neben den einzelnen Faktoren, die Unternehmen variieren und beeinflussen können, spielt vor allem das soziale Umfeld des Bewerbers für die Generation Z eine

124 vgl. Mangelsdorf, 2015, S. 40

125 vgl. Beck & Ullrich, 2017, S. 39

126 vgl. Mangelsdorf, 2015, S. 32

127 vgl. Gertz, 2017, S. 32

128 vgl. Matheisen, 2017

129 vgl. u-form Testsysteme GmbH & Co. KG, 2017, S. 7

130 vgl. Köcher et al., 2015, S. 54 f.

große Rolle. Aufgrund ihrer Erziehung pflegen viele Jugendliche ein sehr enges und freundschaftliches Verhältnis zu ihren Eltern. Wichtige Entscheidungen treffen sie gemeinsam mit ihren Eltern und legen viel Wert auf deren Einschätzung. Gerade bei einem solch einschneidenden Ereignis wie der Berufswahl ist die Stimme der Eltern gewichtig für die endgültige Auswahl eines Arbeitsgebers. Aber auch das weitere soziale Umfeld der Jugendlichen wird zu Rate gezogen. Rund die Hälfte gab an, neben den Eltern auch Freunde und Bekannte um deren Einschätzung bei der Arbeitsgeberwahl zu bitten. Diese Meinungen werden noch einmal bedeutsamer, wenn es um die Auswahl eines Ausbildungsplatzes geht. Gerade bekannte Unternehmen sind bei Auszubildenden gefragt, wenn die Wahl des Ausbildungsplatzes und Berufs ansteht. Unternehmen können durch effektives Employer Branding die Bekanntheit der Arbeitgebermarke innerhalb der Zielgruppe erhöhen und somit die Bewerberzahlen positiv beeinflussen. Auch hier gilt es wieder, den Online-Auftritt des eigenen Unternehmens zu nutzen, um die Informationssuche für potenzielle Bewerber zu vereinfachen und einen positiven ersten Eindruck beim Bewerber zu hinterlassen.[131]

3.2.2 Bewerbungsprozess

Auch der Auswahlprozess wandelt sich im Hinblick auf die Generation Z. Zwar kommt es immer noch in hohem Maße auf die Stelle und den bildungstechnischen Hintergrund des Bewerbers an, doch die Generationsunterschiede in der Bewerberauswahl zeigen sich schon heute deutlich.[132] Die Bewerberauswahl trägt entscheidend zum Aufbau der Employer Brand bei, indem bereits während der Bewerberansprache auf die Interessen der Zielgruppe eingegangen wird und somit eine Wertschätzung durch das Unternehmen erfahren.[133]

Die Kommunikation während eines Vorstellungsgesprächs verändert sich im Umgang mit der Generation Z. Zwar sind Themen, die im Vorstellungsgespräch von besonderem Interesse sind, immer noch abhängig von den Erwartungen, die der Arbeitgeber an zukünftige Mitarbeiter stellt, doch die Art und Weise wie sie kommuniziert werden, verändert sich. Generell zeigt sich, dass vor allem menschliche Faktoren sowie Sympathie und Schnelligkeit im Bewerbungsprozess über-

131 vgl. Beck, 2017, S. 5

132 vgl. Mangelsdorf, 2015, S. 34

133 vgl. Scholz, 2015a, S. 44; Mangelsdorf, 2015, S. 34

zeugen. Neben einer guten Atmosphäre und dem Aufbau eines sympathischen Gesprächs kommt es für die Generation Z in erster Linie darauf an, möglichst schnell mit den für sie wichtigen Informationen versorgt zu werden.[134] Eine klare und auch schriftliche Kommunikation aller Regelungen bezüglich der Arbeitszeit, Urlaub sowie der Kleiderordnung, aber auch bezüglich der Personalentwicklung ist unumgänglich. Dabei sollte auf die präzise Formulierung der Regeln geachtet werden, um Missverständnisse zu vermeiden und der Zielgruppe eine genaue Erläuterung der Leistungen zu geben.[135]

Unternehmen die sich auch zukünftig im Wettbewerb um die Generation Z durchsetzen möchten, für die wird die Prozessgeschwindigkeit zu einem erfolgskritischen Faktor, der darüber entscheiden kann, ob ein Arbeitsvertrag zustande kommt oder nicht.[136] Bei den Ergebnissen der aktuellen Studie ‚Azubi-Recruiting Trends' zeigt sich, dass es gerade hier zu Differenzen zwischen den Angaben der Unternehmen und denen der Bewerber gibt.[137] Während die befragten Personalverantwortlichen angeben innerhalb von zwei Tagen auf eine Bewerbung zu reagieren, so haben die Jugendlichen eine ganz andere Wahrnehmung. Nur jeder dritte Bewerber kann bestätigen eine derart schnelle Antwort erhalten zu haben. 14,6 Prozent der jungen Erwachsenen geben an, dass sie eine Reaktion erst nach zwei Wochen oder später erhalten haben. Gar keine Antwort auf ihre Bewerbung erhielten 6,5 Prozent der Kandidaten.[138] Unternehmen sollten daher darauf achten ihre Service Level Agreements an die Bedürfnisse der Zielgruppe anzupassen, um einen zügigen Prozess zu gewährleisten und ein plötzliches ‚Abspringen' während des Bewerbungsverfahrens zu verhindern.[139]

Auch das Erscheinungsbild der zukünftigen Bewerber befindet sich im Wandel. So ist es für die Generation Z beschreibend, den eigenen Stil zu finden und nicht der Masse nachzueifern, sondern sich auch in der Kleiderwahl selbst zu verwirklichen. Dazu gehören auch Tätowierungen und Piercings, die bei den Jugendlichen schon lange nichts Anstößiges mehr darstellen. Das zukünftige Erscheinungsbild am Arbeitsplatz wird sich also zwangsläufig an den nachfolgenden Generationen

---

134 vgl. u-form Testsysteme GmbH & Co. KG, 2017, S. 9

135 vgl. Scholz, 2016, S. 33

136 vgl. Beck & Ullrich, 2017, S. 38

137 vgl. Matheisen, 2017

138 vgl. Beck & Ullrich, 2017, S. 38

139 vgl. u-form Testsysteme GmbH & Co. KG, 2017, S. 9

orientieren, weshalb die Vorlieben und Erwartungen der Generation Z das Erscheinungsbild von nun an prägen.[140]

3.2.3 Onboarding

Der letzte Schritt des Rekrutierungsprozesses umfasst die Einarbeitung, oftmals als Onboarding bezeichnet. Dieser Phase im Rekrutierungsprozess kommt besondere Bedeutung zu, da vor allem die ersten Tage im Unternehmen entscheidend für die Prägung der neuen Mitarbeiter und somit für deren langfristige Bindung an das Unternehmen sind. Gerade die Generation Z, die sich ungerne an ein Unternehmen bindet, kann durch geeignete Onboarding-Maßnahmen unterstützt werden, um die langfristige Integration im Unternehmen zu gewährleisten.[141]

Da die Generation Z permanenten Zugang zum Internet pflegt bieten sich für das Onboarding erweiterte Möglichkeiten. Bereits vor Beginn des Beschäftigungsverhältnisses bietet sich dadurch die Möglichkeit Inhalte, welche für den Start im Unternehmen von Bedeutung sind, online zur Verfügung zu stellen. Auch hier sollte die Vorliebe der Generation Z für interaktive und visuelle Medienformate berücksichtigt und genutzt werden. Wichtig hierbei ist die mobile Nutzbarkeit sämtlicher Web-2.0-Inhalte, um sie der Zielgruppe zu jeder Zeit zur Verfügung stellen zu können.[142]

Im zweiten Schritt des Onboarding gilt es, sich die Situation der Generation Z vor Augen zu führen. Personen dieser Zielgruppe haben meist vorher noch nie im Leben gearbeitet und treten somit ihre erste Arbeitsstelle an. Somit sehen sich Unternehmen mit Erwartungen konfrontiert, die meist nicht mit den Vorstellungen der Unternehmen zusammenpassen. Besonders wichtig ist es daher positive Erfahrungen für die neuen Mitarbeiter zu schaffen, damit mögliche erste Enttäuschungen nicht das sofortige Aus der Geschäftsbeziehung bedeuten.[143] Das bisher stabile Umfeld, welches durch klare Regeln und Vorschriften seitens der Lehrer oder Eltern geprägt wurde, wird nun durch Arbeitsplatz ersetzt, welcher sich oftmals erheblich vom bisherigen Tagesablauf unterscheidet. Die Generation Z

---

[140] vgl. Mangelsdorf, 2015, S. 41

[141] vgl. Bube, 2015, S. 383; Scholz, 2016, S. 33

[142] vgl. Mangelsdorf, 2015, S. 49

[143] vgl. Bube, 2015, S. 383

sieht sich mit einem Alltag konfrontiert, der von Selbstbestimmtheit geprägt ist und stark mit dem Wunsch nach Anweisung und Struktur kollidiert.[144]

Um diesem Wunsch nach Struktur gerecht zu werden, bietet sich die Aushändigung eines detaillierten Einarbeitungsplanes an. Dieser gliedert die Einarbeitungszeit und visualisiert dem neuen Mitarbeiter die wichtigsten Schritte in den ersten Tagen des Berufsstarts. In vielen Unternehmen ist es bereits jetzt üblich neuen Mitarbeitern einen älteren, erfahrenen Mitarbeiter, einen sogenannten Mentor, zur Seite zu stellen.[145] Dieses Konzept lässt sich, wenn auch abgewandelt, auf die Generation Z anwenden. Entgegen der bisherigen Vorgehensweise einem neuen Mitarbeiter einen möglichst Dienstälteren, und dadurch erfahreneren Mitarbeiter, zur Seite zu stellen, sollte bei der Generation Z berücksichtig werden, dass diese Zielgruppe einen Mentor aus anderen Generationen eher ablehnt. Vielmehr wünschen sich die Jugendlichen einen Mentor aus der eigenen Generation, der Generation Z, zugeteilt zu bekommen. Dieser vermittelt dann auf Augenhöhe die Zusammenhänge, die für das Unternehmen, aber auch den zukünftigen Mitarbeiter, von Bedeutung sind und verhilft dem neuen Mitarbeiter dadurch zu mehr Sicherheit während der Einarbeitungsphase und darüber hinaus.[146]

Neben der Strukturierung der Einarbeitungsphase bietet es sich für Unternehmen an, allgemein gültige Regelungen für das spätere Bestehen der Arbeitsbeziehung so klar wie möglich zu kommunizieren. Diese Regelungen können in den Augen der bestehenden Belegschaft trivial erscheinen, sind für die Zugehörigen der Generation Z aber von besonderer Bedeutung. Regelungen bezüglich der Kleiderordnung oder zu Anwesenheitszeiten gehören genauso zu den für die Generation Z wissenswerten Regelungen wie Instruktionen für den Umgang mit Kunden und Kollegen. Aus den letzteren Regelungen können nämlich, aufgrund von generationsbedingten Unterschieden, schnell Missverständnisse entstehen, welche die Zusammenarbeit zwischen Zugehörigen der Generation Z und Zugehöriger anderer Generationen beeinträchtigen können und im schlimmsten Fall zu einer Beendigung des Arbeitsverhältnisses führen.[147]

[144] vgl. Mangelsdorf, 2015, S. 49
[145] vgl. Bube, 2015, S. 384
[146] vgl. Scholz, 2016, S. 33
[147] vgl. Mangelsdorf, 2015, S. 50

Diese generationsbedingten Unterschiede zeigen sich auch im Verständnis der Generationen untereinander. Werden Angehörige der Generation Z von erfahrenen Mitarbeitern eingearbeitet berichten diese oft, dass die Generation Z durchaus lernwillig ist, aber auch eine besondere Form der Aufmerksamkeit benötigen. Durch den Erziehungsstil der Eltern, der positive Bestätigung als Ansporn für die Vertreter der Generation Z hervorbrachte, empfinden es viele erfahrene Mitarbeiter als anstrengend, mit der jüngsten Generation am Arbeitsplatz umzugehen. Dennoch sei die Generation Z, bei Berücksichtigung dieser besonderen Art der Zuwendung, motiviert und leistungsfähig.[148]

3.3 Implikationen für die Personalführung

Um die neugewonnen Talente zu halten, die durch einen auf die Generation Z angepassten Rekrutierungsprozess gewonnen werden konnten, muss der Ansatz der Berücksichtigung verschiedener Generationsbedürfnisse in den einzelnen Abteilungen und Arbeitsschritten im Unternehmen verankert werden. Da eine gute und langfristige Zusammenarbeit maßgeblich von der Kommunikation mit den Mitarbeitern und deren Motivation abhängt, wird das folgende Kapitel diese Aspekte in Bezug auf die Generation Z genauer beleuchten.[149]

3.3.1 Kommunikation, Zusammenarbeit und Motivation

Die Bedürfnisse, die die Vertreter der Generation Z an die Unternehmenswelt stellt werden langfristig die Zusammenarbeit im Unternehmen prägen. Aber auch die Medien, mit denen die Generation Z aufgewachsen ist, verändern die Art und Weise wie Prozesse und die tägliche Arbeit im Unternehmen verlaufen werden.[150]

Die **Kommunikation** mit den Vertretern der Generation Z muss in erster Linie authentisch und ehrlich sein. Sie legen Wert auf klare Aussagen und die Einhaltung von getroffenen Vereinbarungen. Geschönte Auskünfte passen nicht zu ihrem Bedürfnis nach Sicherheit und können das Vertrauen in das Unternehmen langfristig schädigen.[151] Die Möglichkeit Informationen jederzeit mobil abrufen zu können sorgt für einen ausgeprägten Realitätssinn neben all dem Spaß, den mobi-

---

[148] vgl. Mangelsdorf, 2015, S. 50

[149] vgl. Mangelsdorf, 2015, S. 54

[150] vgl. Mangelsdorf, 2015, S. 54 f.

[151] vgl. Rieppel, 2016, S. 35

le Anwendungen bieten. Den Wunsch nach Sicherheit in unbeständigen Zeiten können Unternehmen durch einfache Kommunikationsregeln bedienen. Veränderungen und Informationen sollten klar und direkt kommuniziert werden, auch wenn sie womöglich unangenehm für die betroffene Person sind. Diese Offenheit stärkt das Vertrauen in das Unternehmen und qualifiziert dieses als verlässlichen Partner.[152]

Konfliktsituationen stellen eine Ausnahme in der Kommunikationsoffenheit dar. Obwohl die Generation Z das Gespräch sucht und bei Entscheidungen mit einbezogen werden möchte, also auch gerne selbst einmal Kritik äußert, sind sie Kritik nicht gewohnt. Schon in der frühen Kindheit hat die Generation Z viel Lob von den Eltern als Erziehungsmaßnahme erfahren und auch in der schulischen Ausbildung wird auf positives Feedback gesetzt. Diese Verhaltensweisen haben die Generation Z geprägt und bestimmen fortan, wie diese sich mit einer Situation auseinandersetzen. Unternehmen sollten daher die Feedbackkultur im Unternehmen auf diese Kritikunfähigkeit anpassen. Das heißt nicht, dass Kritik gänzlich aus dem Unternehmen verschwindet. Vielmehr ist es wichtig die Vertreter der Generation Z schrittweise an Kritik zu gewöhnen und langfristig eine Kommunikationsrichtlinie für solche Situationen zu definieren. Das verhindert nicht nur Frustration sondern stärkt gleichzeitig das Vertrauensverhältnis.[153]

Der Trend zu visueller, informeller und formloser Kommunikation wird sich in den kommenden Jahren fortsetzen. Dennoch zeichnen sich Trends ab, die sich von den Erwartungen an die zukünftigen Generationen, und somit auch die Generation Z, unterscheiden. Obwohl das Smartphone in der privaten Kommunikation einen enormen Stellenwert einnimmt, ist es vielen Jugendlichen überraschenderweise egal, ob sie dieses am Arbeitsplatz nutzen dürfen.[154]

Auch die **Zusammenarbeit** mit der Generation Z ist von der Art und Weise, wie diese aufgewachsen ist geprägt. Sie wollen Wertschätzung für sich und ihre Arbeit erfahren und ernst genommen werden. Obwohl ihnen Teamarbeit eher weniger wichtig ist, legen die Vertreter der Generation Z Wert auf nette Arbeitskollegen und häufigen persönlichen Kontakt zu anderen Personen.[155] Gleichzeitig hat die

---

152 vgl. Mangelsdorf, 2015, S. 62

153 vgl. Peters, 2015, S. 58

154 vgl. u-form Testsysteme GmbH & Co. KG, 2017, S. 17

155 vgl. Köcher et al., 2015, S. 46

Generation Z durchaus realistische Erwartungen an die Berufswelt. Eine wirtschaftlich schwache Konjunktur und Finanzkrisen in den prägenden Jahren der Generation wirken sich langfristig auf die Einstellungen dieser Generation aus. Auch wenn das Berufs- und Privatleben strikt getrennt sein sollen, ist die Generation Z dennoch bereit, wenn auch in einem zeitlich begrenzten Stundenrahmen, intensiv für den Unternehmenserfolg zu arbeiten.[156] Da die Generation Z ein gesundes Maß von multimedialer Kommunikation und persönlicher Interaktion bevorzugt sollte dies auch in der täglichen Zusammenarbeit berücksichtigt werden. Von ihren Eltern sind sie gewohnt mit Erwachsenen auf Augenhöhe zusammen zu arbeiten und zu kommunizieren. Unternehmen mit einer flachen Hierarchie, welche einen direkten Austausch und die persönliche Zusammenarbeit zwischen Mitarbeiter und Führungskraft fördert, sind daher bevorzugte Arbeitgeber bei der Generation Z.[157]

Für Unternehmen zugleich Fluch und Segen ist die Tatsache, dass die Generation Z ihr Wissen und ihre Fähigkeiten gerne und bereitwillig teilt. Dieser Trend ist nicht nur in der Arbeits- und Ausbildungswelt anzutreffen, sondern setzt sich auch immer mehr im privaten Leben der jüngeren Generationen fort. Da Unternehmen ihren Informationsschatz bisher durch Lizenzen und Rechte gehütet haben, um sich von der Konkurrenz abzusetzen, stellt sie diese neue Offenheit vor Akzeptanzschwierigkeiten. Doch die von der Generation Z gelebte Kollaboration verspricht für die Unternehmen in einer Zeit rasanter Innovationsentwicklungen die Möglichkeit wettbewerbsfähig zu bleiben und die gebündelten Ressourcen bestmöglich zu nutzen. Da die Vertreter der Generation Z die Zurückhaltung von Informationen und Wissen als ineffektiv erachten wird sie die offene Zusammenarbeit über Abteilungsgrenzen hinaus zunehmend motivieren und antreiben.[158]

Abschließend soll noch die Frage nach der **Motivation**, welche die Generation Z antreibt, geklärt werden. Konnten Unternehmen bislang mit einem ausgefeilten Performance-Management ihre Mitarbeiter dazu bringen Höchstleistungen für das Unternehmen zu erbringen, so greift dieser Ansatz im Hinblick auf die Generation Z nicht.[159]

---

[156] vgl. Mangelsdorf, 2015, S. 71

[157] vgl. Hesse & Mattmüller, 2015, S. 92

[158] vgl. Mangelsdorf, 2015, S. 72

[159] vgl. Mangelsdorf, 2015, S. 125

Ein sicherer Arbeitsplatz ist der Generation Z besonders wichtig. Während ihres bisherigen Lebens haben junge Menschen miterlebt, wie Wirtschafts- und Finanzkrisen Unternehmen, und womöglich auch ihr privates Umfeld, gefordert haben. Die tägliche Informationsflut, denen Jugendliche heutzutage ausgesetzt sind, wimmelt von Negativschlagzeilen, die die berufliche Zukunft aller Generationen und die hohe Jugendarbeitslosigkeit in Südeuropa betrifft. Unternehmen sollten sich daher frühzeitig die Frage stellen, wie zielführend es ist, Zeitverträge regelmäßig für nur kurze Zeit zu verlängern, anstatt den Mitarbeitern ein unbefristetes Arbeitsverhältnis auszustellen. Obwohl den Jugendlichen und jungen Erwachsenen die Arbeitsplatzsicherheit von Unternehmensseite sehr wichtig ist, scheut sie nicht davor, sich bei Missachtung ihrer Wünsche auch kurzfristig von einem Unternehmen zu trennen.[160] Dennoch gilt: die zusätzlich gewährte Sicherheit die ein unbefristetes Arbeitsverhältnis mit sich bringt steht laut Studien für die Vertreter der Generation Z an oberster Stelle bei der Wahl ihres zukünftigen Arbeitgebers und hilft Unternehmen dabei sich im Kampf um Bewerber von der Masse abzuheben.[161]

Das Einkommen als zusätzliche Motivationsquelle mit variablen Gehaltsbestandteilen zu versehen ist für die Generation Z wenig attraktiv. Sie möchte zwar eine faire und leistungsrechte Entlohnung, ist aber nicht darauf fixiert ein hohes Einkommen um jeden Preis zu erreichen. Damit einher geht der Wunsch der klaren Trennung von Berufs- und Privatleben. Für viele Vertreter der Generation Z ist es daher nur wenig reizvoll den Beruf auch von zu Hause aus erledigen zu können.[162] Vielmehr fordert sie klare Arbeitszeitregelungen, die sich nicht auf die Einkommenshöhe auswirken.[163]

Nicht nur materielle Entlohnung bietet Unternehmen die Möglichkeit Mitarbeiter zu motivieren. Auch die Rahmenbedingungen rund um den Arbeitsplatz tragen maßgeblich zum Erfolg in der Mitarbeitermotivation bei. In Bezug auf das Arbeitsumfeld und auch in der Auffassung von Flexibilität zeigen sich klare Unterschiede zu den bisherigen Generationen. Zeichnete sich in den letzten Jahren der Trend von Desksharing und Clean-Desks in der Arbeitswelt ab, so lehnt die Gene-

---

160 vgl. Scholz, 2016, S. 32

161 vgl. Deininger, 2017, S . 17; Köcher et al., 2015, S. 47

162 vgl. Scholz, 2015a, S. 45

163 vgl. Franzen et al., 2017, S. 5; Scholz, 2015a, S. 45

ration Z genau diesen Trend ab. Sie möchte sich in die Arbeitsplatzgestaltung einbringen. Die für Arbeit aufgewendete Zeit soll, obwohl sie klar vom Privatleben getrennt stattfindet, positive Erfahrungen bringen. Daher ist ein eigener Schreibtisch für die jungen Erwachsenen genauso wichtig wie eine klare Arbeitszeitregelung.[164]

Generell zeigt sich, dass die Generation Z daran gewöhnt und interessiert ist, in klaren Strukturen zu arbeiten. Solange die Unternehmenskultur zur Wertschätzung der erbrachten Leistung und der Person beiträgt, werden die Vertreter der Generation Z von klaren Hierarchien nicht abgeschreckt. Diese Einstellung der Jugendlichen ist vor allem auf die klare Strukturierung ihrer Ausbildung zurückzuführen. Die Verkürzung der schulischen Ausbildung mit dem Abitur in 12 statt 13 Jahren, Stundenpläne bis in die Nachmittagsstunden und auch innerhalb der schulischen Ausbildung wenig Mitspracherecht bei der Auswahl des Lehrinhalts führen dazu, dass sich die Generation Z in klaren Strukturen sicher fühlt. Unternehmen sollten daher von Beginn des Beschäftigungsverhältnisses auf klare Vorgaben und Unterstützung setzen. Ein klar strukturierter Einarbeitungsplan, aber auch regelmäßige Absprachen zu Projektfortschritten helfen der Generation Z sich im Unternehmensalltag zurecht zu finden. Dennoch sollten Unternehmen mit der Kontrolle von Erfolgen nicht übertreiben. Regelmäßige Absprachen helfen zwar, den Überblick über die gestellte Aufgabe zu behalten, zu häufige Kontrollen stoßen bei den Jugendlichen aber schnell auf Ablehnung.[165]

3.3.2 Führungsverhalten

Die Zusammenarbeit mit verschiedenen Generationen hat natürlich auch Auswirkungen auf das Führungsverhalten von Vorgesetzten. Die verschiedenen Generationen stellen durchaus unterschiedliche Anforderungen an die Führungsqualitäten, auch wenn sich innerhalb der Generationen viele Ansprüche an die Führungskraft ähneln. Ein Wunsch, der durchweg in jeder Mitarbeitergeneration vorhanden ist, ist der faire Umgang der Führungskraft mit den Angestellten.[166] Welche Eigenschaften und Handlungsweisen einer Führungskraft dazu beitragen können, dass die Generation Z motiviert und leistungsstark im Unternehmen auf-

---

[164] vgl. Rieppel, 2016, S. 35; Scholz, 2017, S. 17
[165] vgl. Büntemeyer, 2017
[166] vgl. Mangelsdorf, 2015, S. 74

tritt und somit den Unternehmenserfolg vorantreibt sollen im folgenden Abschnitt erläutert werden.

Viele Angehörige der Generation Z starten gerade erst in das Berufsleben. Sie befinden sich zum Teil noch in der Ausbildung oder absolvieren ein Studium.[167] Aufgrund der kurzen Zeit, die sie dadurch im Berufsalltag verbracht haben, fällt es vielen jungen Arbeitnehmern schwer, konkrete Anforderungen an die Führungskraft zu definieren. Dennoch stellen auch sie Anforderungen an Führungskräfte, die sich nach und nach erkennen lassen. Wie die Vertreter anderer Generationen auch, wünscht sich die Generation Z eine gerechte und kompetente Führungskraft. Zusätzlich solle die Führungskraft verständnisvoll und vor allem freundlich auf die Mitarbeiter zugehen. Durch die Interaktion auf Augenhöhe mit den Eltern, sind es die Vertreter der Generation Z gewohnt, respektvollen Umgang zu erfahren. Da die Jugendlichen in die Entscheidungsfindung während ihrer Erziehung einbezogen worden sind, erwarten sie auch von ihrer Führungskraft Anerkennung und Offenheit für ihre Vorschläge. Doch genau diese Vorstellungen sorgen bei vielen noch für Frust und Demotivation, da dieses Idealbild von den bisherigen Voraussetzungen mal mehr und mal weniger stark abweicht.[168]

Der große Wunsch nach Sicherheit im Leben der Generation Z lässt sich auch bei den Eigenschaften einer guten Führungskraft widerfinden. In stressigen Situationen zeichnet eine gute Führungskraft in den Augen der Generation Z aus, ruhig und gelassen zu handeln und diese Ruhe auch auf die Mitarbeiter auszustrahlen. Laut einer Studie der Universität Bielefeld hat dieser Wunsch nach Sicherheit seinen Anfang bereits in den frühen Jahren der kindlichen Entwicklung. Fast ein Fünftel aller in Deutschland lebenden Kinder und Jugendlichen fühlt sich laut Aussagen von Ziegler deutlich gestresst. Viele Vertreter der Generation Z haben Angst, die sie prägenden Bezugspersonen, die Eltern, zu enttäuschen. Neben Versagensängsten sind sie aber auch überdurchschnittlich oft wütend, ohne Probleme eigenständig lösen zu können.[169]

Sich den stetigen Leistungsdruck der jungen Generation vor Augen zu führen wird zum wesentlichen Bestandteil guter Führung werden. Die Führungskraft muss es zum einen ermöglichen, die Mitarbeiter der jungen Generation dazu zu ermuti-

---

167 vgl. Klaffke, 2014, S. 69; Scholz, 2015b, S. 79

168 vgl. Mangelsdorf, 2015, S. 82

169 vgl. Ziegler, 2015, S. 3

gen, hochgesteckte (Unternehmens-)Ziele zu erreichen, zum anderen die Mitarbeiter nicht noch weiter unter Stress zu setzen. In der klassischen Führungstheorie bedeutet das den Wandel vom transformationalen hin zum transaktionalen Führungsstil.[170] Für viele Führungskräfte bedeutet das aber auch gleichzeitig den Spagat zwischen den Generationen.

Während die Generation Y noch davon angetrieben wurde Unternehmensvisionen zu leben und die Führungskraft als Förderer der eigenen Karriere sah, so wünscht sich die Generation Z klare Ziele und Vereinbarungen. Die Führungskraft der Generation Z soll die Aufgaben klar formulieren und die Mitarbeiter in ihrer Arbeit bestätigen.[171] Da sie keine oder nur kaum emotionale Bindung zum Unternehmen pflegt reicht es nicht aus, sie wie die Generation Y für ein Ziel zu inspirieren und ihnen danach Freiheiten zu geben. Eine Führungskraft, die das Talent der Mitarbeiter von oben herab erkennen und fördern will, stößt bei jungen Mitarbeitern zunehmend auf Unverständnis, da dieses parentale Verhalten den Leistungsdruck auf die Vertreter der Generation Z zunehmend erhöht. Die Zler möchten klar formulierte Aufgaben erledigen und halten nichts von Work-Life-Blending. Diese Generationsunterschiede müssen Führungskräfte erkennen und für sich nutzen lernen, um generationsentsprechend handeln zu können.[172].

Unternehmen sollten vor diesem Hintergrund die Führungskräfte des Unternehmens frühzeitig in ihrer Entwicklung als Führungskraft fördern und darauf achten, dass die Vertreter der Generation Z ein Arbeitsumfeld zur Verfügung gestellt bekommen, welches ihren Ansprüchen gerecht wird. Durch transaktionale Führung, die das Verantwortungsgefühl (Commitment) und die Veränderungsbereitschaft der Mitarbeiter stärken soll, können junge Mitarbeiter von der Sinnhaftigkeit ihrer Tätigkeit überzeugt und somit zu mehr Leistung angespornt werden. Dadurch wird sowohl der Wunsch nach intrinsischen Anreizen der Tätigkeit, als auch nach einer guten und persönlichen Beziehung zur Führungskraft und Kollegen bedient.[173] Auch die Transparenz aller Entscheidungen und die offene Kommunikation dieser ist von besonderer Bedeutung. Die Führungskraft muss ihre Intention hinter einer Anweisung oder Entscheidung offen legen, da es die Vertre-

170 vgl. Kunze, 2013, S. 235

171 vgl. universum, 2017

172 vgl. Peters, 2015, S. 57 f.; Scholz, 2015a, S. 45

173 vgl. Kunze, 2013, S. 234 f.

ter der Generation Z gewohnt sind, an Regeln mitzuwirken und diese zu hinterfragen. Darüber hinaus sollte die zugewiesene Tätigkeit durch die Führungskraft eingeordnet werden. Es muss für den Mitarbeiter ersichtlich sein, welcher Nutzen damit verfolgt wird und wie dadurch etwa die Gesamtzielvorstellung erreicht werden kann.[174]

3.4 Implikationen für die Personalentwicklung

Hat ein Unternehmen erfolgreich neue Mitarbeiter rekrutieren können, so stellt sich nach der erfolgreichen Einbindung der Mitarbeiter die Frage, wie diese Mitarbeiter langfristig entwickelt und gefördert werden können. Auch in dieser unternehmerischen Entscheidung spielt die Generationszugehörigkeit eine immer bedeutsamer werdende Rolle. Je nach Generation ergeben sich daraus Handlungsempfehlungen für die Entwicklung von Weiterbildungsmaßnahmen und die Karriereplanung.[175]

3.4.1 Entwicklungsmaßnahmen

Die Auswahl geeigneter Entwicklungsmaßnahmen orientiert sich maßgeblich an den Lern- und Entwicklungspräferenzen der jeweiligen Generation. Diese wurden durch Lehrmethoden in der schulischen Bildung, aber auch virtuell durch soziale Netzwerke geprägt. Laut der KIM-Studie sucht die Hälfte der jüngsten Internetnutzer mindestens einmal pro Woche online nach Materialien für die Schulaufgaben.[176] Die Lernpräferenz der Generation Z wird durch die Sinnsuche der Vertreter dominiert. Der Gesamtzusammenhang einer Aufgabe ist ebenso von Bedeutung wie der Praxisbezug. Geprägt durch die zielorientierte Erziehung der Eltern spielt der Effizienzgedanke für die Jugendlichen eine wichtige Rolle. Das begrenzte Vorhandensein von wertvollen Ressourcen treibt sie an, Einfluss auf die sie umgebende Welt zu nehmen und dadurch das Gesamterscheinungsbild zu prägen.[177]

Die Omnipräsenz des Internets und die sich daraus ergebenden Möglichkeiten für seine Nutzer machen die Möglichkeit zu Lernen für die Generation Z zu einer

[174] vgl. Deininger, 2017, S. 18

[175] vgl. Mangelsdorf, 2015, S. 88 f.

[176] vgl. Rathgeb, 2016, S. 48

[177] vgl. Mangelsdorf, 2015, S. 96

(notwendigen) Selbstverständlichkeit. Sachverhalte können mühelos per Mausklick aufgerufen und erforscht werden. Die virtuelle Welt und ihre Möglichkeiten stehen den Vertretern der Generation Z rund um die Uhr zur Verfügung und können auch mobil per Smartphone genutzt werden. Lernangebote am Arbeitsplatz stellen dadurch für die jungen Erwachsenen keine Belohnung für erbrachte Leistungen mehr dar. Für Unternehmen ist es daher wichtig, die Eigeninitiative der Mitarbeiter zu fördern, sodass diese sich selbst weiterbilden und dieses Wissen im Nachgang auch mit ihren Kollegen teilen.[178]

Diese Eigenständigkeit darf auch in der Entwicklung von Lernmodulen vorausgesetzt werden. Angehörige der Generation Z erhalten zwar gerne positives Feedback zu ihrer Vorgehensweise, sind aber dennoch nicht darauf angewiesen, um ihrer Aufgabe nachzugehen. Wenn sie Hilfe bei der Bewältigung einer Aufgabe benötigen, werden sie sich an die Führungskraft wenden und diese einfordern. Da die Vertreter der Generation Z mit digitalen Medien aufgewachsen sind, kommen sie mit virtuellen Lernumgebungen bestens zurecht, auch wenn sie, wie ihre Vorgänger der Generation Y, ein persönliches Lernumfeld weiterhin bevorzugen. Hardcopy-Unterrichtsmaterialien werden zunehmend durch Multimedia ersetzt und die Lehrinhalte müssen mit Spaß und Entertainment verknüpft sein. Die Aufmerksamkeitsspanne dieser Generation ist in der Regel sehr kurz, weshalb bei der Gestaltung der Lehrinhalte darauf geachtet werden sollte, dass diese abwechslungsreich und kreativ gestaltet wurden. In Video-Clips werden visuelle Inhalte lebendig und emotional veranschaulicht und somit das Interesse am Lehrinhalt geweckt.[179]

3.4.1.1 E-Learning

Das E-Learning ist eine Form des elektronisch unterstützten Lernens. Anhand der rasanten Entwicklungen im Zuge der Digitalisierung hat sich auch das E-Learning-Angebot einem Wandel unterzogen. Moderne Systeme ermöglichen flexible Konzepte, um die Lehrinhalte anschaulich zu vermitteln. Eine hohe Interaktivität schafft idealerweise eine emotionale Bindung zum Lehrinhalt und somit eine Verinnerlichung des Inhaltes. Für die Vertreter der Generation Z ist es mittlerweile schon selbstverständlich in praktisch allen Fragen des Lebens Lernvi-

[178] vgl. Mangelsdorf, 2015, S. 97

[179] vgl. Mangelsdorf, 2015, S. 97 f.

deos, bspw. auf YouTube heranzuziehen. Dort finden sie Tipps zur nächsten Mathezensur, aber auch zum Entfernen eines Grasflecks im heimischen Teppich.[180]

Nicht nur für die Zler lässt sich E-Learning einsetzen. Dank des flexibel anpassbaren Lerntempos wird individuelles Lernen innerhalb jeder Generation ermöglicht und das von praktisch jedem Ort. Doch nicht in jeder Hinsicht des Arbeitslebens sind E-Learning-Konzepte etabliert. So gaben etwa 56 Prozent der Azubis an, dass sie Lernvideos als Lernhilfe während ihrer Ausbildung nutzen, aber lediglich 29,5 Prozent der Ausbilder stellen diese Möglichkeit des Lernens zur Verfügung. Noch deutlicher wird dieses Defizit bei den Ausbildern, die bislang kein E-Learning während der Ausbildung nutzen. 42,5 Prozent von ihnen würden gerne Lernvideos anbieten, erhalten hierzu aber nicht die Möglichkeit.[181] Dabei freuen sich gerade Angehörige der Generation Z über virtuelle Weiterbildungsmöglichkeiten und die Möglichkeit Lehrinhalte mithilfe von Videos, Simulationen und Animationen zu erarbeiten. Einen besonderen Stellenwert nehmen hierbei ‚Learning on Demand' (der eigenständige und bedarfsgerechte Zugriff auf Lehrinhalte), ‚Micro-Learning' (kurze und prägnante Lerneinheiten) sowie das ‚Social Learning' (der Austausch von Lehrinhalten und Erfahrungen über soziale Netzwerke) ein. Als Teil des ‚Blended-Learning' wird E-Learning heutzutage vor Allem als sinnvolle Ergänzung zu konventionellen Bildungselementen genutzt.[182]

3.4.1.2 Job Enlargement / Projektaufgaben

Mit dem Konzept des Job Enlargements, also der Erweiterung einer Tätigkeit auf demselben Anforderungsniveau, soll das Tätigkeitsspektrum der Mitarbeiter abwechslungsreicher und interessanter gestaltet werden.[183] Gerade für Angehörige der Generation Z ist diese Methode von Vorteil, da sie sich eine Sinnhaftigkeit ihrer Aufgabe wünschen, sich aber dennoch schnell von Routineaufgaben gelangweilt fühlen.[184] Durch die Übernahme neuer Aufgaben soll dem Mitarbeiter die Möglichkeit gegeben werden weitere fachliche und soziale Kompetenzen zu entwickeln. Das Job Enlargement hat zudem einen positiven Einfluss auf die spätere Karriere und signalisiert dem Mitarbeiter darüber hinaus, dass das Unternehmen

---

180 vgl. Mangelsdorf, 2015, S. 115 f.

181 vgl. u-form Testsysteme GmbH & Co. KG, 2017, S. 19

182 vgl. Schatz, 2010, S. 131; Mangelsdorf, 2015, S. 105 f.

183 vgl. Mangelsdorf, 2015, S. 107

184 vgl. Köcher et al., 2015, S. 82; Fassnacht, 2016, S. 73

ihm sein Vertrauen schenkt.[185] Vor allem den Vertretern der Generation Z ist es wichtig, dass die berufliche Tätigkeit neben diesem Aspekt erfüllend und spaßbringend ist.[186] Durch die Übernahme der neuen Tätigkeit wird das Aufgabenspektrum des Mitarbeiters erweitert und dieser in seiner Entwicklung gefordert.[187]

3.4.2 Karriereplanung

Die Beschreibung von Karrieremöglichkeiten und die Laufbahnentwicklung sind Teil der Personalentwicklung und beschreiben die beruflichen Perspektiven der Mitarbeiter.[188] Generell wird im Personalwesen zwischen Fach- bzw. Projektkarriere und der Führungskarriere unterschieden. Obwohl jede Karriereart jeder Generation im Unternehmen offen steht, hat jede Generation Präferenzen, die in der Karriereplanung der einzelnen Mitarbeiter berücksichtigt werden sollte, um den späteren Karriereweg möglichst ansprechend für den Mitarbeiter zu gestalten. Ein besonderer Vorteil in der Berücksichtigung der Präferenzen in der Karriereplanung ist die langfristige Bindung der Mitarbeiter an das Unternehmen. Finden die eröffneten Karriere- und Aufstiegsmöglichkeiten Zuspruch bei den Mitarbeitern ist es wahrscheinlicher, diese auch von der langfristigen Arbeitgeberattraktivität zu überzeugen. Dadurch können Fluktuationskosten vermieden werden und das Unternehmen hält das Wissen seiner Mitarbeiter.[189]

Ähnlich wie bei der Frage nach der idealen Führungskraft, sind auch die Vorstellungen der Generation Z über ihren späteren beruflichen Werdegang noch wenig konkret. Die relativ kurze Zeit im Berufsleben und die geringe Lebenserfahrung machen es schwer für die Vertreter der Generation ein konkretes Bild ihrer Zukunft zu malen. Erschwerend hinzu kommen die schier unendlichen Möglichkeiten, die sich der Generation Z bei der Berufswahl eröffnen. Viele beschreiben diese Masse an Optionen als zunehmend verwirrend, da den Jugendlichen der Überblick und das Wissen zur Einordnung fehlt. Diese Verwirrung sorgt nicht zuletzt für erneuten Druck, dem sich die jungen Erwachsenen ausgesetzt fühlen. Gerade in der Phase der Berufsfindung verspüren immer mehr Jugendliche den Druck

[185] vgl. Mangelsdorf, 2015, S. 107
[186] vgl. Köcher et al., 2015, S 19
[187] vgl. Mangelsdorf, 2015, S. 107
[188] vgl. Zimmermann & Britz, 2016, S. 404
[189] vgl. Mangelsdorf, 2015, S. 112

den Erwartungen ihrer Eltern entsprechen zu wollen und äußern Ängste darüber eine „falsche" Entscheidung zu treffen.[190]

Der schon früh im Leben empfundene Stress ist wohl mit ein Grund, weshalb Angehörige der Generation Z nur ungern eine Führungsaufgabe übernehmen möchten. Dem Privatleben kommt eine große Bedeutung zu und soll laut Auffassung der Generation Z nicht mit dem Berufsleben verschwimmen. Eine Führungskarriere hingegen kostet denjenigen viel Zeit und ist in den Augen der Jugendlichen mit noch mehr Mühe verbunden. Die damit einhergehende Verantwortung geht über die regulären Arbeitszeiten des einzelnen hinaus und kratzt an dem Harmoniebedürfnis, das diese Generation auszeichnet. Ziele vorgeben und diese am Ende des Zielzeitraumes konsequent zu beurteilen, auch wenn das bedeutet Kritik zu äußern, verursachen bei der Generation wenig Glücksgefühle.[191]

Vor diesem Hintergrund sollte in der Karriereplanung auf die Eigeninitiative der Mitarbeiter gesetzt werden. Ein von oben herab vorgegebener Karriereplan kann die Mitarbeiter mitunter überfordern und im schlimmsten Fall eine eher abschreckende Wirkung erzielen. Ist der Mitarbeiter erst einmal von der Sinnhaftigkeit seiner Weiterbildungsmöglichkeiten und seines späteren Berufsweges überzeugt, gilt es frühzeitig die Erlangung neuer Kompetenzen für diesen und weitere Wege zu fördern. Die Aneignung von neuem Wissen und Fähigkeiten findet immer häufiger parallel zum Beruf statt und das auf Wunsch der Beteiligten. Die rasanten Entwicklungen auf dem Wirtschafts- und Arbeitsmarkt führen dazu, dass lebenslanges Lernen existenziell für das Berufsleben der Generation Z wird.[192]

3.5 Grenzen der Umsetzbarkeit für das HR

Obwohl diese Arbeit die Herausforderungen für Arbeitgeber im Kontext der Generation Z thematisiert und Handlungsempfehlungen aufzeigt, muss der Effekt dieser jungen Arbeitnehmergruppe auf die Arbeitswelt auch kritisch hinterfragt werden. Zunächst ist festzuhalten, dass eine zu starre Ausrichtung auf die Generation Z der falsche Weg für Arbeitgeber wäre, um auch in Zukunft ihren qualitativen und quantitativen Personalbedarf effektiv decken zu können. Andere Generationen, speziell die älteren und erfahrenen Baby Boomer, ihre Bedürfnisse und

190 vgl. Mangelsdorf, 2015, S. 119 f.

191 vgl. Scholz, 2015a, S. 45; vgl. Scholz, 2015, S. 27

192 vgl. Mangelsdorf, 2015, S. 120

Wünsche dürfen nicht vernachlässigt werden. Dem Fachkräftemangel können die Unternehmen nicht allein durch die Fokussierung auf die junge Generation entgegentreten. Vielmehr müssen auch die Potentiale der älteren Beschäftigten besser ausgenutzt werden.[193] Darüber hinaus können Unternehmen auch von einer Ausrichtung auf die vielfältigen generationenbedingten Unterschiede der Arbeitnehmer profitieren, wenn alle Generationen entsprechend geschätzt und gefördert werden. Zwar bergen generationsübergreifende Teams oder Mentorenprogramme aufgrund unterschiedlicher Wertevorstellungen hohes Konfliktpotential, gleichzeitig können aber die unterschiedlichen Generationen voneinander profitieren und die Produktivität, Innovationsfähigkeit und Effizienz der Organisation enorm verbessert werden. Die Arbeitgeber müssen also ein durchdachtes und umfassendes Diversity-Management etablieren, das intergenerative Zusammenarbeit fördert und auf individueller Ebene die Stärken und Schwächen der Arbeitnehmer berücksichtigt.[194] Hierbei werden jedoch vor Allem klein- und mittelständige Unternehmen mit begrenzten personellen und finanziellen Ressourcen vor große Herausforderungen gestellt, wenn es um die ganzheitliche Umsetzung solcher Konzepte geht.[195]

Neben der kritischen Würdigung der unternehmensseitigen Umsetzung des Generationenkonzepts, gilt es jedoch auch, den Generationengedanken im Allgemeinen skeptisch zu hinterfragen. Die Einteilung der Arbeitnehmer nach Generationen und den damit verbundenen idealtypischen Verhaltensmustern, Wertevorstellungen und Erwartungen kann seitens des Personalmanagements und der Führungskräfte als Hilfestellung und Anhaltspunkt gesehen werden. Dieser Ansatz reicht jedoch in der Unternehmenspraxis oftmals nicht aus, um individuelles Denken und Handeln der Mitarbeiter zu erklären. Neben der Generationszugehörigkeit spielen viele weitere Faktoren eine entscheidende Rolle, die in generationsbezogenen Studien zu oft außer Acht gelassen werden. So können Individuen aufgrund ihres familiären Hintergrunds, ihrer geografischen und kulturellen Herkunft oder aufgrund besonders prägender privater Erlebnisse, völlig andere Erwartungen an ihren Arbeitgeber stellen, als aufgrund ihrer Generationenzugehörigkeit angenommen werden sollte.[196]. Generationen sind demnach nicht als glo-

---

[193] vgl. Mangelsdorf, 2015, S. 112; Burch et al., 2010

[194] vgl. Klaffke, 2014, S. 6-7

[195] vgl. Gröneweg, Holtmann, & Matiaske, 2015, S. 8

[196] vgl. Klaffke, 2011, S. 6-7

bale Einheit zu verstehen, da die genannten Einflüsse nicht nur Länder- und Kulturbedingt abweichen, sondern auch zeitversetzt auf eine Kohorte von Individuen einwirken können. Klaffke führt in diesem Zusammenhang zum Beispiel an, dass junge Generationen aus Deutschland oder den USA völlig andere Erfahrungen gemacht haben, als ihre Altersgenossen in China, die unter der Ein-Kind-Politik aufgewachsen sind und somit ein anderes Verhältnis zu ihren Eltern haben. Wirtschaftlich bedingte Unterschiede sieht Klaffke etwa innerhalb einer Generation von Jugendlichen aus Nord- bzw. Westeuropa und Südeuropa. Die Südeuropäische Generation Jugendlicher, die unter hoher Arbeitslosigkeit aufgewachsen ist, stellt demnach völlig andere Erwartungen an die Arbeitgeber und bringt womöglich konträre Arbeitseinstellungen und –Werte hervor.[197] Das bedeutet wiederum, dass innerhalb einer Generation die individuelle Vielfalt der Arbeitnehmer weitaus größer ist, als die starre Charakterisierung nach einzelnen Kohorten erwarten lässt. Vielfältige Arbeitseinstellungen und Arbeitswerte innerhalb der einzelnen Generationen, aufgrund verschiedener sozioökonomischer und soziokultureller Bedingungen, lassen die Grenzen zwischen den Altersgruppen verschwimmen und erschweren eine eindeutige Zuordnung zu einer spezifischen Generation, was dazu führt, dass das Generationenkonzept mit Vorsicht betrachtet werden muss und entsprechend abgeleitete Maßnahmen nicht zu stark auf eine idealtypische Generationenvorstellung zugeschnitten werden sollten.[198] Demgegenüber steht jedoch die Argumentation von Edmunds und Turner die Generationen als weltweit übertragbar ansehen. Bedingt durch die Globalisierung und die ständig voranschreitenden Entwicklungen im Bereich der Kommunikationstechnologien würden sich die Lebensbedingungen zunehmend angleichen, so dass ähnlich prägende Erfahrungen auf der ganzen Welt gemacht würden[199] und demnach für jede Generation [...] bestimmte allgemeine und arbeitsbezogene Verhaltensweisen, Fähigkeiten, Wertesysteme und Bedürfnisse mit an den Arbeitsplatz [...]"[200] bringt.

Generationen müssen, um beiden Gesichtspunkten gerecht zu werden, als dynamische Konstrukte verstanden werden. Das heißt, es gibt eine Vielzahl an Menschen, die zwar altersbedingt einer Generation zugehörig sind, sich aber aufgrund ihrem Wertemuster, Lebensstil sowie Verhaltensweisen eher einer anderen Al-

---

197 vgl. Klaffke, 2014, S. 10

198 vgl. Gurtner & Kels, 2016, S. 28

199 vgl. Edmunds & Turner, 2005, S. 559; Bebnowski, 2012, S. 18

200 Oertel, 2014, S. 28

tersgruppe zurechnen lassen würden.[201] Die Kritik, bewusst Kategorisierungen aufzubauen und die Diversität von Menschen zu vernachlässigen, um die Komplexität zu reduzieren und ein allgemeines Verständnis zu schaffen, scheint nicht unberechtigt.[202] Keineswegs ist es möglich, alle Menschen einer Alterskohorte als homogene Gesamtheit zu betrachten und damit klare Abgrenzungen zu treffen. Vielmehr verfügen Menschen über individuelle Besonderheiten, Stärken und Schwächen, die sich mitunter stark von den charakteristischen generationalen Eigenschaften unterscheiden.[203] Das Generationenkonzept sollte vielmehr als Orientierungshilfe für Arbeitgeber aufgefasst werden, um kommende Generationen von Arbeitnehmern für sich gewinnen zu können. Hier kann das Wissen über die Charakteristika entscheidend zum beiderseitigen Verständnis beitragen.[204]

---

[201] vgl. Scholz, 2014, S. 17; Klaffke & Parment, 2011, S. 6

[202] vgl. Klaffke, 2014, S. 10

[203] vgl. Burch et al., 2010, S. 91

[204] vgl. Gurtner et al., 2013, S. 245

4 Fazit

Das Ziel dieser Arbeit bestand darin, die jüngste Generation zukünftiger Arbeitskräfte zu charakterisieren und ihre Erwartungen an die Arbeitgeber herauszustellen. Dabei wurden essentielle Unterschiede im Verhalten, den Wünschen und Präferenzen dieser Generation im Vergleich zu früheren Arbeitnehmerkohorten festgestellt, die ein Umdenken auf Seiten der Arbeitgeber verlangen und eine Anpassung personalwirtschaftlicher Instrumente im Bereich der Mitarbeiterrekrutierung, -Führung und –Entwicklung nach sich ziehen müssen. Gleichzeitig wächst die Bedeutung der umfangreich diskutierten, zukünftigen Umwälzung der Arbeitswelt durch Industrie 4.0 mit ihrem hohen Flexibilisierungserfordernis und der zunehmenden Technologisierung der Arbeit. Dies könnte demnach den Erwartungen der zukünftigen Arbeitnehmergeneration entgegenstehen.[205] Die Generation Z ist vor Allem durch ein hohes Sicherheits- und Stabilitätsdenken geprägt. Arbeitnehmer dieser Kohorte legen Wert auf eine klare und strikte Trennung von Beruf und Freizeit, bestehen auf feste Arbeitszeiten und lehnen leistungsorientierte Vergütungsmodelle ab. Sie wollen keine große Verantwortung übernehmen oder in Führungspositionen rücken. Gleichzeitig sind die Zler durch Sprunghaftigkeit und geringer Loyalität gegenüber ihrem Arbeitgeber gekennzeichnet. Die Kombination dieser Eigenschaften im Verhältnis zu dem aktuellen Megatrend Digitalisierung der Arbeitswelt und ihrer Folgen, stellen die Unternehmen vor große Herausforderung in Bezug auf Rekrutierung, Führung und Personalentwicklung. Gleichzeitig dürfen Arbeitnehmer der bestehenden Belegschaft, die sich auch aus Mitgliedern anderer Generationen zusammensetzt und ebenfalls andere bzw. unterschiedliche Erwartungen hat, nicht vernachlässigt werden. Das Aufeinandertreffen der unterschiedlichen Generationen im beruflichen Kontext und dem daraus resultierenden Konfliktpotenzial sollte ferner mit einem umfassenden Generationen-Management begegnet werden, bei dem die Generationen von- und miteinander lernen können und eventuell vorhandene Barrieren abgebaut werden. Denn alle Mitarbeiter sollten sich am Arbeitsplatz wohlfühlen und nicht nur eine ausgewählte.

Unternehmen sind gefordert, Strukturen zu schaffen, die den Flexibilisierungswunsch der derzeitigen Arbeitnehmergeneration mit dem Sicherheits- und Stabilitätsdenken der Generation Z vereinen können. Sie müssen sich fragen, wie sie

[205] vgl. Hartmann, 2015, S. 22

mit Mitarbeitern umgehen wollen, die Führungsverantwortung und Leistungsstreben eher ablehnen. Im Hinblick auf die Vereinbarkeit von Privat- und Berufsleben sollten sich Arbeitgeber jedoch kooperativ zeigen, denn diese Forderung ist als zentrale Wertevorstellung dieser Generation fest verankert. Insbesondere die hochqualifizierten Nachwuchskräfte müssen entsprechend überzeugt werden, um dem Fachkräftemangel entgegenzuwirken und sich einen entscheidenden Wettbewerbsvorteil zu verschaffen. Hierbei sollten Unternehmen beachten, dass Versprechungen die über die Website und soziale Netzwerke gemacht werden auch eingehalten werden, da die jungen Erwachsenen bei falschen Angaben teilweise sehr konsequent reagieren und die Zusammenarbeit beenden. Die Vertreter Generation Z sollten sich aber kritisch selbst hinterfragen und überlegen wo gesellschaftliche und wirtschaftliche Wertschöpfung herkommen, wenn sie selbst nicht dazu bereit sind einen größeren Beitrag zu leisten.

Bei aller Kritik, sollten auch die positiven Aspekte dieser besonderen Generation nicht außer Acht gelassen werden. Die Jugendlichen sind eine Bereicherung für jede Unternehmenskultur und mit etwas Fingerspitzengefühl, Einfühlungsvermögen, Ausdauer und professioneller Führung bieten sie einen großen Mehrwert für die modernen Unternehmen von heute. Führungskräfte müssen versuchen den Jugendlichen den Sinn hinter den übertragenen Aufgaben zu vermitteln, um diese so für die Mitarbeit an den Unternehmenszielen zu gewinnen. Aufgrund ihrer Wünsche nach klar definierten Vorgaben könnten sie etwa die unternehmensinternen Strukturen und Abläufe verbessern. Zusätzlich bringt eine neue Generation bedingt durch ihre Prägung und Präferenzstrukturen, auch neue Ideen, Denkweisen und Lösungsansätze mit. Der Eintritt dieser Generation in die Unternehmen steht noch am Anfang, weshalb die Arbeitgeber ihr Verhalten unmittelbar am Arbeitsplatz beobachten, gemeinsam mit den Vertretern der Generation Z Umgangsformen entwickeln und den Arbeitsplatz und die Arbeitswelt von morgen gestalten können. Fakt ist aber auch, dass Führungskräfte nicht allen Mitarbeitern gerecht werden können.

Wenn Unternehmen sich die Unterschiedlichkeit von Generationen, deren Werte, berufliche Präferenzen und Anforderungen bewusst machen, diese akzeptieren, sie weiterhin als Chance und nicht als Last begreifen, dann könnte daraus für alle Beteiligten ein großer Nutzen resultieren.

Literaturverzeichnis

Absolventa (2015): Wie Sie Ihre Employer Brand auf die Generation Z vorbereiten, verfügbar unter: https://www.jobnet.de/news/employer-brand-generation-z

Erscheinungsdatum: ohne Angabe, Abrufdatum 20.07.2017

Appel, W., & Michel-Dittgen, B. (2013). Digital Natives. Springer Gabler. Springer. http://doi.org/10.1007/978-3-658-00543-6

Bebnowski, D. (2012). Generation und Geltung. transcript Verlag.

Beck, C. (2017). Wie suchen junge Talente eine Ausbildung? Retrieved from https://www.jobnet.de/presse/genz-barometer-ausbildungssuche

Beck, C., Hülser, R., Wiersbinski, W., & Adam, M. (2010). Detektive bei der Sucharbeit. Personalwirtschaft Extra Sonderheft, 12(2010), 8–13.

Beck, C., & Ullrich, F. (2017). Die Onliner offline überzeugen. Personalwirtschaft, 6(2017), 38–40.

Becker, A., & Heuzeroth, C. (2014). Wie die Generation Internet tickt. In Personalmarketing für die Generation Internet: Explore - Elaborate - Enable - Establish - Enter. Schmidt Erich Verlag.

Bedürftig, D. (2016). Was Generation Z vom Berufsleben erwartet. Retrieved May 14, 2017, from

https://www.welt.de/wirtschaft/karriere/bildung/article152993066/Was-Generation-Z-vom-Berufsleben-erwartet.html

Bencsik, A., Juhász, T., & Horváth-Csikós, G. (2016). Y and Z Generations at Workplaces. Journal of Competitiveness, 6(2016), 90–106.

http://doi.org/10.7441/joc.2016.03.06

Biemann, T., & Weckmüller, H. (2013). State of the Art: Generation Y – Viel Lärmum fast nichts. PERSONALquarterly, 1(2013), 46–49.

Bröckermann, R., Pepels, W., & Bergmann, R. (2013). Externe Wege der Personalgewinnung. In Das neue Personalmarketing – Employee Relationship Management als moderner Erfolgstreiber, Band 1: Handbuch Personalgewinnung. Berlin: Berliner Wissenschafts-Verlag.

Bröckermann, R. (Hrsg.): Praxisorientierte Personal-und Organisationsforschung, Band 18

Bruch, H., Fleschhut, M., & Block, C. (2017). Die Entwicklung hin zum attraktiven Arbeitgeber - Arbeitgeberattraktivität in der neuen Arbeitswelt. Personalführung, 4(2017), 54–59.

Bube, S. (2015). Onboarding im Zeitalter der Digitalisierung. In Personalentwicklung - Themen, Trends, best Practices (pp. 382–390).

Bugge, M. (2015). Berufliche Eignungsdiagnostik in der Arbeitskultur 2020. In Arbeitskultur 2020 (pp. 559–572). Wiesbaden: Springer Gabler.

Büntemeyer, L. (2017). Generation Z - Was ist mit den neuen Azubis los? Retrieved August 18, 2017, from https://www.impulse.de/management/personalfuehrung/generation-z/4259073.html

Burch, H., Kunze, F., & Böhm, S. (2010). Generationen erfolgreich führen. Gabler.

Dahlmanns, A. (2014). Generation Y und Personalmanagement. In Praxisorientierte Personal- und Organisationsforschung, Band 18. München und Mering: Rainer Hampp Verlag.

Dannhäuser, Ralph (Hrsg.): Praxishandbuch Social Media Recruiting - Experten Know How / Praxistipps / Rechtshinweise

Deininger, O. (2017). Generation Z. Handwerk Magazin, 8(2017), 14–19.

Dimbath, O. (2016). Soziologische Zeitdiagnostik. Paderborn: Wilhelm Fink GmbH & Co. Verlags-KG.

Domsch, M. E., & Ladwig, D. H. (2015). Erwartung der Generation Y. Personalquarterly, 1(2015), 10–14.

Edmunds, J., & Turner, B. S. (2005). Global generations – Social Change in the twentieth century. The British Journal of Sociology, 4(2005), 559–577.

Erle, C. (2017). Die Generation Z: 3 Herausforderungen, für die sich ihr Unternehmen aufstellen muss. Retrieved August 15, 2017, from http://www.management-circle.de/blog/generation-z-3-herausforderungen-fuer-die-sich-ihr-unternehmen-aufstellen-muss/

Fassnacht, A. (2016). Erwartungen Jugendlicher an Beruf und Unternehmen : eine SINUS-Studie. Energie Wasser-Praxis, 9(2016), 72–77.

Fettke, P. (2006). State-of-the-art des state-of-the-art: Eine untersuchung der forschungsmethode "review" innerhalb der wirtschaftsinformatik. Wirtschaftsinformatik, 48(4), 257–266. http://doi.org/10.1007/s11576-006-0057-3

Franzen, J., Friese, E., Oudeman, T., & Schwarz, M. (2017). azubi.report 2017 - Die große Studie zur Situation von Auszubildenden in Deutschland. Retrieved from www.ausbildung.de

Frey, D. (Hrsg.): Arbeitskultur 2020 - Herausforderungen und Best Practices der Arbeitswelt

Gertz, W. (2017). Gegen den Trend. Personalwirtschaft, 6(2017), 30–35.

Gröneweg, C., Holtmann, D., & Matiaske, W. (2015). Innovativität und Fortschrittsfähigkeit – Personalwirtschaftliche Implikationen. Personal Quarterly, 4(2015).

Guba, B. (2008). Systematische literatursuche. Wiener Medizinische Wochenschrift, 158(1–2), 62–69. http://doi.org/10.1007/s10354-007-0500-0

Gurtner, A., Dievernich, F. E. P., & Kels, P. (2013). Erwartungen der Digital Natives. ZFO - Zeitschrift Führung Und Organisation, 4(2013), 245. Retrieved from http://www.wiso-net.de/webcgi?START=A60&DOKV_DB=ZECO&DOKV_NO=ZFO081302005&DOKV_HS=0&PP=1

Gurtner, A., & Kels, P. (2016). Arbeitgeberattraktivität aus Sicht von MINT-Fachkräften. Personal Quarterly, 4(2016).

Hackl, B., & Hasebrook, J. (2017). New Work erfordert neue Kompetenzen - Qualifizierung für die digitalisierte Arbeitswelt. Personalführung, 6(2017), 18–23.

Hartmann, M. (Hrsg.): Rekrutierung in einer zukunftsorientierten Arbeitswelt. Wiesbaden: Springer Gabler.

Herrmann, U. (2006). Was ist eine „Generation"? In Die DDR aus generationengeschichtlicher Perspektive: Eine Inventur. Leipzig: Leipziger Universitätsverlag GmbH.

Hesse, G. (2015). Auf dem Weg zum Enterprise 2.0: Digitalisierung, Demografie und Wertewandel als Treiber für Change-Management und Kulturwandel. In Praxishandbuch Social Media Recruiting (pp. 375–400). Wiesbaden: Springer Gabler.

Hesse, G., & Mattmüller, R. (2015). Perspektivenwechsel im Employer Branding - Neue Ansätze für die Generationen Y und Z. Springer Gabler.

Hesse, G., Mayer, K., Rose, N., & Fellinger, C. (2015). Perspektivwechsel im Employer Branding - Neue Ansätze für die Generation Y und Z. In Perspektivwechsel im Employer Branding - Neue Ansätze für die Generation Y und Z (pp. 53–104). Wiesbaden: Springer Gabler.

Hucke, M., Füssel, B., Goll, A., & Dietl, S. (2013). Generation Y –Wie man die Berufseinsteiger vonmorgen erreicht. In Handbuch Strategisches Personalmanagement (pp. 125–150). Wiesbaden: Springer Gabler.

Hurrelmann, A., & Albrecht, E. (2014). Die heimlichen Revolutionäre - Wie die Generation Y unsere Welt veränder. Weinheim Basel: Beltz Verlag.

Imme, J., & Dominik, W. (2011). 1000-Stunden Innovationscamp Palomar5: Millennials bauen ihre Arbeitswelt von morgen. In Personalmanagement von Millenials (pp. 24–48). Wiesbaden: Springer Gabler.

Jureit, U., & Wildt, M. (2005). Generationen. Zur Relevanz eines wissenschaftlichen Grundbegriffs. Hamburg: HIS Verlag.

Klaffke, M. (2011). Personalmanagement von Millenials. Springer Gabler.

Klaffke, M. (2014). Generationen Management - Konzepte, Instrumente, Good-Practice-Ansätze. Wiesbaden: Springer Gabler. http://doi.org/DOI 10.1007/978-3-658-02325-6

Klaffke, M., & Parment, A. (2011). Herausforderungen und Handlungsansätze für das Personalmanagement von Millennials. In Personalmanagement von Millenials (pp. 3–22). Springer Gabler.

Klaffke, M., & Plambeck, U. (2015). Zusammenarbeit im Generationen-Mix Fallbeispiel DB Netz AG. Personal Quarterly, 4(2015).

Köcher, R., Hurrelmann, K., & Sommer, M. (2015). Die McDonald's Ausbildungsstudie 2015. Institut für Demoskopie Allensbach.

Kunze, F. (2013). Werte der Digital Natives. ZFO - Zeitschrift Führung Und Organisation, 82, 232–236. Retrieved from http://nbn-resolving.de/urn:nbn:de:bsz:352-285126

Kupperschmidt, B. R. (2000). Multigeneration Employees: Strategies for Effective Management. The Health Care Manager, 1(2000), 65–76.

Kwidzinski, R. (2016). Wenn E-Mail und SMS als veraltet gelten. Retrieved August 15, 2017, from https://www.ahgz.de/archiv/online-vertrieb-wenn-e-mail-und-sms-als-veraltet-gelten,200012232874.html

Lehky, A. (2013). Jugend 2013: Generation Z - Die ganz Jungen kommen. Retrieved July 22, 2017, from http://karrierenews.diepresse.com/home/karrieretrends/employerbranding/1424164/-Jugend-2013_Generation-Z-Die-ganz-Jungen-kommen

Lorenz, M., & Rohrschneider, U. (2015). Erfolgreiche Personalauswahl: sicher, schnell und durchdacht. Springer Gabler. http://doi.org/10.1017/CBO9781107415324.004

Mangelsdorf, M. (2015). Von Babyboomer bis Generation Z. Gabal Verlag.

Matheisen, C. E. (2017). Azubi-Recruiting Trends 2017 Studie: Da geht noch was! Retrieved July 20, 2017, from https://wollmilchsau.de/personalmarketing/azubi-recruiti%0A%0Ang-trends-2017/

Oertel, J. (2014). Baby Boomer und Generation X – Charakteristika der etablierten Arbeitnehmer-Generationen. In Generationen Management - Konzepte, Instrumente, Good-Practice-Ansätze (pp. 27–56). Springer Gabler.

Otto, C., & Remdisch, S. (2015). Arbeitgeberattraktivität aus der Perspektive unterschiedlicher Mitarbeitergenerationen. In Rekrutierung in einer zukunftsorientierten Arbeitswelt (pp. 47–68). Wiesbaden: Springer Gabler.

Parment, A. (2009). Die Generation Y, Mitarbeiter der Zukunft. Gabler. http://doi.org/10.1007/978-3-8349-4622-5_8

Parment, A. (2013). Die Generation Y - Mitarbeiter der Zukunft motivieren, integrieren, führen (Vol. 2). Wiesbaden: Springer Fachmedien.

Peters, N. (2015). Keine Lust auf Karriere. managerSeminare, 10(2015), 54–59.

Pfeil, S. (2017). Werteorientierung und Arbeitgeberwahl im Wandel der Generationen. Springer Gabler. http://doi.org/10.1007/978-3-658-16334-1

Rathgeb, T. (2016). KIM-Studie 2016 - Kindheit, Internet, Medien.

Rieppel, K. (2016). „ Die Generation Z ist realistisch ". Allgemeine Hotel- Und Gastronomie-Zeitung, 14(2016), 35.

Ruthus, J. (2014). Arbeitgeberattraktivität aus Sicht der Generation Y. Springer Gabler. Springer Gabler. http://doi.org/10.1007/978-3-658-07918-5

Schatz, J. (2010). E-Learning - nicht alles wird leichter, aber deutlich flexibler. In Nachhaltiges Personalmanagement in der Praxis (pp. 131–136). Wiesbaden: Springer Gabler.

Scholz, C. (2014). Generation Z: Wie sie tickt, was sie verändert und warum sie uns alle ansteckt. Weinheim: WILEY-VCH Verlag.

Scholz, C. (2015). Es fehlt nur noch der Gartenzwerg. Karriereführer Wirtschaftswissenschaften, 2(2015), 26–27. Retrieved from http://die-generation-z.de/wp-content/uploads/2015/02/Es-fehlt-nur-noch-der-Gartenzwerg_Final.pdf

Scholz, C. (2015a). Auf Generation Y folgt Generation Z - und die tickt wieder völlig anders. Computerwoche, 5(2015), 44–45.

Scholz, C. (2015b). Generation Y plus Generation Z. Human Resource Manager, (2015), 78–80.

Scholz, C. (2015c). Generation Z: Digital Native oder digital naiv? HR Performance, (1), 68–71.

Scholz, C. (2016). WIE BEKOMME ICH DIE GENERATION Z AN BORD? LRKW Magazin, 3(2016), 31–33.

Scholz, C. (2017). Generation Z fürs Team gewinnen. Der Freieberuf, 2(2017), 16–17.

Scholz, C., & Weth, S. (2015). Ein juristisches Minenfeld? Generation Z. Arbeit Und Arbeitsrecht, 5(2015), 264–268.

Schulenburg, N, Führung einer neuen Generation, FOM-Edition, DOI 10.1007/978-3-658-07204-9_2

Schwuchow, Karlheinz / Gutmann, Joachim (Hrsg.): Personalentwicklung - Themen, Trends, best Practices 2016

Statistisches-Bundesamt. (2014). Babyboomer: Deutschlands geburtenstärkster Jahrgang wird 50. Retrieved May 20, 2017, from https://www.destatis.de/DE/ZahlenFakten/ImFokus/SerieBabyboomer.html;jsessionid=AE2E3FC87CF2A312FEE8A23D5C211AEE.cae3

Stock-Homburg, Ruth (Hrsg.): Handbuch Strategisches Personalmanagement, 2. Auflage

Trost, A. (2013). Employer Branding – Arbeitgeber positionieren und präsentieren. Köln: Luchterhand Verlag GmbH.

u-form Testsysteme GmbH & Co. KG. (2017). AZUBI-RECRUITING TRENDS 2017.

universum. (2017). Clash der Generationen? Wie Generation X führt - und Generation Z geführt werden will. Retrieved May 18, 2017, from http://universumglobal.com/de/2017/04/clash-der-generationen/

Weck, A. (2015). Weniger Loyalität als zu ihrer Turnschuhmarke: Warum die Generation Z eine Herausforderung für den Arbeitgeber wird. Retrieved April 30, 2017, from http://t3n.de/news/arbeitswelt-generation-z-622355/

Weitzel, T., Laumer, S., Maier, C., Oehlhorn, C., Wirt, J., & Weinert, C. (2015). Mobile Recruiting Studie (Vol. 1). Monster. http://doi.org/10.1017/CBO9781107415324.004

Weißenrieder, J., & Kosel, M. (2010). Nachhaltiges Personalmanagement in der Praxis. Springer Gabler, Wiesbaden

Ziegler, H. (2015). Burn-Out im Kinderzimmer: Wie gestresst sind Kinder und Jugendliche in Deutschland?

Zimmermann, A., & Britz, F. (2016). Personalentwicklung ungelernter Beschäftigter. In Personalentwicklung - Themen, Trends, best Practices (pp. 401–409).

Lightning Source UK Ltd.
Milton Keynes UK
UKHW010905080819
347620UK00003B/814/P

9 783960 952336